Novos combates pela HISTÓRIA

**Desafios
Ensino**

Conselho Acadêmico
Ataliba Teixeira de Castilho
Carlos Eduardo Lins da Silva
Carlos Fico
Jaime Cordeiro
José Luiz Fiorin
Magda Soares
Tania Regina de Luca

Proibida a reprodução total ou parcial em qualquer mídia
sem a autorização escrita da editora.
Os infratores estão sujeitos às penas da lei.

A Editora não é responsável pelo conteúdo deste livro.
Os Organizadores e os Autores conhecem os fatos narrados,
pelos quais são responsáveis, assim como se responsabilizam pelos juízos emitidos.

Consulte nosso catálogo completo e últimos lançamentos em **www.editoracontexto.com.br**.

Jaime Pinsky
Carla Bassanezi Pinsky

Novos combates pela
HISTÓRIA

Desafios
Ensino

editoracontexto

Copyright © 2021 dos Organizadores

Todos os direitos desta edição reservados à
Editora Contexto (Editora Pinsky Ltda.)

Capa
Alba Mancini

Diagramação
Gustavo S. Vilas Boas

Preparação de textos
Lilian Aquino

Revisão
Ana Paula Luccisano

Dados Internacionais de Catalogação na Publicação (CIP)

Novos combates pela história : desafios – ensino / organização de Jaime Pinsky e Carla Bassanezi Pinsky ; Carlos Fico...[et al]. – São Paulo : Contexto, 2021.
256 p. : il.

ISBN 978-65-5541-061-7

1. História 2. História – Ensino 3. Negacionismo 4. Fake News 5. Política e governo I. Fico, Carlos II. Pinsky, Jaime III. Pinsky, Carla Bassanezi

21-1155	CDD 900

Angélica Ilacqua CRB-8/7057

Índice para catálogo sistemático:
1. História

2021

Editora Contexto

Rua Dr. José Elias, 520 – Alto da Lapa
05083-030 – São Paulo – SP
PABX: (11) 3832 5838
contexto@editoracontexto.com.br
www.editoracontexto.com.br

Sumário

A História contra-ataca | 9
Jaime Pinsky e Carla Bassanezi Pinsky

Quem escreve a História: a qualificação do historiador | 25
Carlos Fico

Defesa do ensino de História nas escolas | 51
Maria Ligia Prado

Negacionismo e revisionismo histórico no século XXI | 85
Marcos Napolitano

Anacronismos e apropriações | 115
Pedro Paulo Funari

***Fake news*: do passado ao presente** | 147
Bruno Leal

Usos pedagógicos para YouTube e podcasts | 175
Icles Rodrigues

Visibilidade histórica para mulheres, negros e indígenas | 201
Luanna Jales

A Grande Ásia e o ensino de História | 227
Alex Degan

Jaime Pinsky

Carla Bassanezi Pinsky

A História contra-ataca

Governantes autoritários, insatisfeitos em torturar pessoas, torturam a História para ver se ela confessa e declara aquilo que eles querem ouvir. Governos antidemocráticos odeiam a verdade. Eles se alimentam e alimentam seus seguidores com mentiras. Atentados contra os cidadãos, a ciência, a natureza, a educação são perpetrados a toda hora e tenta-se escondê-los com a contratação de especialistas em marketing orientando a propaganda governamental. Verbas astronômicas, desviadas da Saúde, da Educação, da Habitação, do bem-estar dos cidadãos são usadas em propaganda.

Ser infiel à verdade dos fatos é algo que governantes e políticos praticam há muitos séculos. Pelo menos desde o tempo do faraó Ramsés II, dirigentes tentam distorcer episódios históricos (Ramsés mandava raspar o nome de outros faraós de monumentos e colocava o seu, para ficar com o crédito de obras e conquistas militares). Mas nunca se fez isso de forma mais intensa e desavergonhada do que hoje em dia. Governantes se comunicam diretamente com os cidadãos pelas redes sociais, bancam a difusão de *fake news*, politizam questões científicas, distorcem acontecimentos para plantar versões que lhes agradem com a finalidade de favorecer sua ideologia ou seu projeto de poder.

Infelizmente, o ataque à verdade histórica não provém apenas de governos. Militantes organizados também se acham no direito (e, segundo suas convicções, na obrigação) de nos impingir sua versão sobre os fatos. Muitas vezes há choque frontal entre o que aconteceu e a "interpretação" que eles dão ao acontecido. Nesses casos, pior para os fatos, que saem perdendo, uma vez que o compromisso do militante – que, às vezes, até pode ter boas causas – é apenas com sua militância. Interpretações "convenientes" também são ataques contra a História.

Por incrível que pareça, até aquela nossa tia, tão pacífica e gentil, até ela, que parecia tão discreta com suas convicções políticas, até ela, tão boazinha e tranquila, tão cordata, pode tornar-se uma ameaça quando reproduz, acriticamente, bobagens que "um amigo confiável" ou "uma ex-colega de escola" lhe enviou pelas redes sociais. São mensagens geradas e colocadas em circulação contando com a ingenuidade de muitos, cuidadosamente produzidas com objetivos políticos muito bem estudados. Mensagens que afrontam a ciência, que reproduzem as alegações de Trump contra a democracia, que lembram que Matusalém nunca se vacinou e viveu quase mil anos; mensagens que asseguram que problemas de saúde pública são questões religiosas e que reiteram que remédios inócuos podem salvar mais vidas do que as vacinas...

Até em nome da democracia a História chega a ser atacada. Há pseudo-historiadores relativistas, que dizem que não há histórias, mas apenas versões e narrativas. Há os que, por ignorância ou malícia, alegam que qualquer um tem o direito de opinar, como se a História fosse questão de opinião, não de pesquisa, de estudo, de formação séria. Como se a cultura histórica não existisse. Ela existe. É evidente que um historiador bem preparado (e falar em historiador inculto seria uma contradição em termos) passa mais credibilidade do que um "chutador" emérito, por mais que este fale muito, grite alto ou profira palavrões. Temos a obrigação de enfrentar e sobrepujar a ignorância, mesmo quando ela se apresenta de forma ameaçadora.

A História pode e precisa ser defendida. Especialmente agora, quando as mentiras, que sempre existiram, ganham uma dimensão diferente, com *fake news* vomitadas por atacado, de forma organizada. Querem mudar a História utilizando a técnica do negacionismo, recusando-se a admitir fatos indiscutíveis, como o massacre dos armênios pelos turcos, ou o holocausto, que dizimou a cultura secular do judaísmo europeu. Negacionismo que esquece até da milenar exploração dos camponeses egípcios, sugerindo soluções interplanetárias (deuses astronautas e outras bobagens do gênero) para o problema de transporte de pedras para a construção de monumentos erguidos ao custo da morte de milhares de servos. Negacionismo que tenta apagar da História a repressão violenta e criminosa de regimes autoritários de todas as bandeiras, fascistas e stalinistas, de direita e de esquerda.

Sim, a triste verdade é que sempre se mentiu. O *Livro dos mortos* ensinava os antigos egípcios, candidatos ao outro mundo, a reivindicar espaço junto aos deuses por meio de perorações regadas a muitas lágrimas e finalizadas com um lancinante apelo de "Sou puro", que deveria ser repetido três vezes. Descrições de batalhas, desde a mais remota Antiguidade, comprovam que a primeira vítima das guerras é a verdade. Mais recentemente, czares russos não tiveram pudor em mandar elaborar os falsos *Protocolos dos sábios de Sião* para justificar ferozes perseguições feitas a uma minoria inofensiva e desviar a atenção da população russa da corrupção que sustentava o governo mais atrasado da Europa. Sim, a mentira não começou agora. Mas, não custa repetir, nunca se mentiu em escala e profundidade como nos dias de hoje, com uma tecnologia sofisticada, que permite o envio simultâneo de milhares de mensagens a receptores do mundo inteiro.

OS DESAFIOS DO PROFESSOR

É claro que tudo isso afeta o trabalho dos professores de História. Começa que eles são confrontados, o tempo todo, por alunos, pais, colegas e até pela direção da escola. Todos apresentam suas "verdades", sejam elas oriundas das "fontes" citadas nos parágrafos anteriores, sejam meias verdades que jorram o tempo todo por meio de canais de tevê, sites, blogs, líderes religiosos, políticos e até alguns intelectuais de terceira. O professor é questionado quando fala de classe operária e quando não fala de classe operária; quando parece estar favorecendo ideias de esquerda ou quando parece estar alinhado com a direita. Qual professor que já não ouviu de um aluno de 13 ou 14 anos que ele também tem direito à opinião com o mesmo peso da do professor, como se acontecimentos que tiveram existência comprovada e foram muito bem estudados fossem "questão de opinião"? E muita gente, a partir de ideias desse tipo, prega a diminuição da carga horária das aulas de História. E ainda tentam justificar sua posição alegando que os alunos "deveriam ter mais aulas de Português e Matemática em vez dessa matéria que não ensina nada de concreto ou útil para eles, no final das contas".

Não se considera o fato de que a única diferença entre o ser humano e os demais animais é a de sermos os únicos a produzir, armazenar, organizar, consumir e intercambiar cultura. Organizar-se em grupos, ou agir ocasionalmente para atacar uma presa, não é a mesma coisa que construir uma civilização, e só os humanos construíram civilizações. Sim, os humanos têm contra si um histórico de guerras e perseguições, mas têm a favor a música e a literatura, as artes e a ciência. Nossos alunos podem e precisam ter orgulho de pertencerem à raça humana e cabe ao professor de História ressaltar esse aspecto, sem deixar de lado o eventual custo social que as grandes obras que construímos tiveram.

De resto, é fundamental nos situarmos no tempo e no espaço, é essencial sabermos quem somos e de onde viemos. É muito importante reconhecermos quanto ainda estamos próximos da barbárie (é só lembrarmos o que um dos povos mais cultos da Europa, o alemão, perpetrou antes e durante a Segunda Guerra Mundial), é sadio olharmos para trás e para os lados e identificarmos o autoritarismo, a intolerância, os preconceitos, o racismo, o machismo e tantos outros ismos. Só assim teremos condições de nos reconhecermos como parte da humanidade, com o que fizemos de bom e de ruim, para podermos construir sociedades melhores, mais justas, mais adequadas para todos.

Nós, professores de História, somos solicitados o tempo todo a dar respostas. E, o melhor de tudo, é que as temos. Temos, conosco, nada menos do que a História.

OS COMPROMISSOS DO HISTORIADOR

O historiador enxerga o passado com os olhos do presente. Nem poderia ser diferente. É no presente que ele vive, mora, se alimenta, trabalha, ama. O presente está ao alcance dos seus sentidos, o historiador não precisa imaginá-lo. Como qualquer outro ser humano, o historiador é fruto do seu tempo. Não é uma figura supra-histórica; ele tem historicidade. Daí ele ter que tomar certo cuidado. Se tentar transferir valores do presente para o passado, confundir os dois tempos, cometerá o pecado mortal do anacronismo. Na verdade, a História exige do professor e do pesquisador uma atitude que pode parecer contraditória, mas que é apenas paradoxal. Mais até do que uma simples atitude, a História exige deles um duplo compromisso. Por um lado, com o passado, o acontecido, nosso ponto de chegada: o passado não pode ser inventado, suprimido, exagerado ou distorcido. Por outro, (como não vivemos nas nuvens, mas em um presente concreto, que condiciona a forma de percebermos os fenômenos da sociedade), é importante firmarmos um compromisso com o mundo em que vivemos, que é nosso ponto de partida. Nada mais razoável, portanto, do que interrogar o passado a partir de questões que nos afetam atualmente. Temas como meio ambiente, minorias, racismo, identidade nacional e tantos outros não podem ser descartados pelo historiador como se fossem simples modismos. Pelo contrário, faz muito sentido interrogarmos o passado a respeito desses assuntos (e de tantos outros). O que não quer dizer que possamos atribuir a personagens do passado níveis de consciência social ou política que encontramos em atores sociais dos dias de hoje. Isso também seria anacrônico. Mesmo que gostemos da ideia, mesmo que ela atenda a nossos objetivos de hoje, não podemos (por exemplo) transformar revoltosos que simplesmente tentavam ser livres em revolucionários carregando ideias que consideramos corretas, atualmente. Não podemos, por mais que queiramos. Transformar o passado em presente é atribuir a pessoas de determinado período histórico comportamento incompatível com valores de sua realidade social.

Durante um tempo, na Europa, nazistas decidiram, sem base científica, que havia raças superiores e raças inferiores. Para legitimar esse delírio "inventaram", a despeito da realidade histórica, uma suposta raça ariana, que teria vivido e liderado muitas sociedades em diferentes épocas. Os alemães seriam descendentes desses heróis do passado... Muda-se o passado para justificar a ideia de que os arianos alemães deveriam mandar no mundo inteiro! E, pior ainda. Com isso eles se davam o direito de eliminar "raças inferiores". Levando ao limite a ideia da superioridade racial, os nazistas concluíram que qualquer pessoa aceita pelo nazismo como ariano era superior a Einstein, pelo simples fato de o maior cientista do século ser judeu... É evidente que este é um exemplo extremo (mas real) de como um anacronismo presentista pode distorcer a História.

Por outro lado, há o risco de outro tipo de anacronismo, quase oposto ao anterior, pois olha o passado como se o presente não existisse, como se o historiador não tivesse existência concreta. Como se a história, mesmo vista a partir de diferentes perspectivas, permanecesse sempre igual. Um aluno inteligente explicou, um dia, que a história é como se fosse um elefante e nunca perderia sua natureza de elefante; contudo, dependendo do ponto de vista, do olhar, ele mostraria apenas uma tromba, de outro, um rabinho... Esse aluno explicou o que hoje é aceito de modo quase unânime entre os historiadores: o pesquisador não reconstrói o que aconteceu como se fosse um robô neutro, a-histórico, mas a partir de sua ótica, como foi dito antes com relação ao duplo compromisso do historiador. Vejamos um exemplo: historiadores franceses do século XIX, ao falar da Idade Média, poderiam discutir, entre outras coisas, o feudalismo, os combates etc. Poderiam até descrever a sociedade feudal, mostrar a relação existente entre o camponês e o senhor, lembrar-se do papel desempenhado pelos copistas nos mosteiros preservando a cultura clássica. Há excelentes livros escritos por esses historiadores. Contudo, a partir de preocupações existentes nos dias de hoje, tivemos novos temas introduzidos nos Estudos medievais, que nos conduziram a novas abordagens. Talvez um historiador contemporâneo se debruce sobre questões como (por exemplo) a condição da mulher e, de modo particular, o porquê da perseguição perpetrada pela Igreja contra supostas bruxas nessa época. O estudioso poderia verificar que havia um saber que corria paralelo àquele ensinado pelos religiosos, este um conhecimento monopolizado pela Igreja. Os religiosos diziam intermediar a relação entre os homens e Deus, em nome de quem alegavam falar. Analisando esse período, um historiador de hoje (mais ainda, uma historiadora) talvez pudesse notar que aquela mulher do povo, que sabia encontrar, no meio da vegetação, ervas, simples ervinhas, que curavam as pessoas de problemas de saúde comuns, era percebida como uma ameaça por certos setores da instituição religiosa. Daí a dizer que o saber que elas detinham provinha do Demônio, e que elas deveriam ser queimadas vivas para expiar seus pecados e expulsar o Diabo para longe, foi um passo dado pelos religiosos. A compreensão desse mecanismo aliado ao processo que mantinha todas as mulheres em papel secundário, e punia algumas que ousavam saber alguma coisa e por isso exercer algum poder, explica muito da sociedade medieval, seus valores, a segregação social etc. E, o que é interessante, fatos e questões de mil anos atrás se revelam, para um historiador, a partir de perguntas que fazemos motivados por questões atuais, como feminismo e desigualdade social. Também por isso a História é fascinante!

Isso tudo quer dizer que os acontecimentos de mil anos atrás mudaram? Ou, ainda, significa que temos o direito de "inventar" acontecimentos para que eles sejam adequados às nossas teorias? Não! Significa apenas que somos capazes de lançar olhares diferentes sobre os mesmos acontecimentos, e que lançar olhares diferentes pode implicar obter resultados diferentes.

A História pode e precisa ser continuadamente reescrita. E não só porque lançamos novos olhares, mas por termos acesso a documentos que ficaram inéditos por muito tempo, a construções que permaneceram escondidas por séculos, a mecanismos que preconceitos sociais ofuscaram por milênios. Reescrevemos a História quando damos a atores históricos que só apareciam como figurantes o protagonismo merecido. Reescrevemos a História quando dispomos de técnicas de pesquisa mais sofisticadas. Mas reescrevemos a História também quando nos damos conta de que a História está mudando. Não podemos continuar ensinando que o Atlântico é o oceano mais importante, como se as relações comerciais entre o Velho e o Novo mundo ainda explicassem toda a história. Temos que nos dar conta de que 60% da população mundial vive na Ásia! E não estamos falando apenas de populações miseráveis: 3 das 5 maiores economias do planeta localizam-se nesse continente (China, Japão e Índia). A História muda sim e precisamos acompanhar as mudanças em nossos cursos. As guerras greco-pérsicas, com a derrota dos asiáticos, acabaram há mais de 20 séculos... Temos que nos atualizar.

Como se vê, historiadores e professores de História têm um papel importante a desempenhar.

ESTAMOS JUNTOS

Este livro é fruto de uma crescente inquietação que seus organizadores vinham sentindo nos últimos anos, tanto por conta dos fenômenos que estão alterando nossa forma de pesquisar, estudar e nos relacionar com a História, quanto pelos novos usos abusivos da História.

Perpetrados por governos, grupos políticos, econômicos e religiosos, os atentados contra a História têm se multiplicado com a velocidade dos avanços tecnológicos. Era necessário, de um lado, compreender o que está acontecendo e quais as implicações de tudo isso no trabalho dos professores. De outro, era fundamental entender como podemos colocar a tecnologia a nosso favor, a favor da História. Além disso, era importante registrar a transformação de atores considerados secundários em protagonistas, sejam eles negros e mulheres, ou até um continente inteiro, a Ásia. Para enfrentar esses desafios, resolvemos convocar historiadores experientes e jovens talentosos que estão utilizando as novas tecnologias a serviço da divulgação histórica.

A versão final dos capítulos, responsabilidade de cada autor, resulta de diálogo produtivo que os organizadores tiveram com cada um dos convidados. Apresentamos a eles nosso projeto, todos aceitaram imediatamente o desafio de escrever sua parte no tempo e no espaço que pudemos oferecer, com entusiasmo comovedor. Não seria um jogo de palavras assegurar que os capítulos do livro formam um rico caleidoscópio em que se percebe a unidade na diversidade.

Carlos Fico trata da competência do historiador para identificar fatos e processos que levam a escrever a História de forma complexa e constantemente revigorada. Mostra como o historiador se qualifica para oferecer respostas possíveis ao construir o conhecimento sobre o passado a partir de vestígios, buscando a objetividade ("a verdade entendida como horizonte utópico") e articulando refinamento teórico-conceitual a fundamentação empírica e erudição, em constante diálogo com seus pares.

É contundente a defesa do ensino de História nas escolas feita por **Maria Ligia Prado** contra posturas que tentam desacreditar princípios científicos, desqualificar historiadores e professores e propor revisionismos de toda ordem sem base teórica ou empírica. Lembrando a relevância do conhecimento histórico para a humanidade e destacando a importância da cultura escolar, a historiadora reflete sobre a relevância da disciplina histórica a partir de polêmicas presentes no debate público nacional.

Marcos Napolitano aponta maneiras de enfrentar o negacionismo e o revisionismo ideológico. Discute o papel do historiador e do professor de História diante da mentira difundida de que conhecimento histórico é mera "questão de opinião". E mostra como diferenciar uma releitura historiográfica que faz avançar o conhecimento a partir de novas pesquisas, descobertas documentais e perspectivas teóricas, de imposturas cujo objetivo é distorcer o passado em prol de lutas políticas atuais.

Anacronismos e apropriações do passado para usos políticos vêm de longa data, alerta **Pedro Paulo Funari,** que recorre a exemplos da História Antiga, sua área de especialidade, para provar como a história é alvo privilegiado de grupos que manipulam informações e relatos em favor de ideias muitas vezes racistas, machistas e xenófobas. Tais leituras abusivas – propõe o autor – podem ser contrapostas pelo ensino de História que, com base em fontes concretas, retrate um passado mais complexo e variado.

O passeio pela história das notícias falsas proposto por **Bruno Leal** vai da narrativa bíblica à internet, passando por Roma Antiga, Bizâncio, os *canards* franceses do XVII, a "imprensa amarela" norte-americana e o Plano Cohen, suposto projeto comunista para tomar o poder no Brasil. O autor ressalta que o combate às *fake news* e à pós-verdade em nosso tempo passa em grande parte pelo reconhecimento dos mecanismos que levaram à sua amplificação e pela educação em História.

Icles Rodrigues esclarece como as novas mídias, que ajudaram a desbancar a escola como única fonte de autoridade, podem ser também aliadas dos professores. Ao chamar a atenção para as possibilidades de uso de YouTube e podcasts de divulgação histórica no ensino, resgata o papel do professor como fonte de conhecimento – pois cabe a ele fazer a seleção do material e promover o debate que leva ao pensamento crítico. Dicas de como criar seus próprios canais e podcasts completam o capítulo.

"Visibilidade histórica para mulheres, negros e indígenas" é o manifesto de **Luanna Jales** a favor do reconhecimento desses atores históricos na pesquisa e no ensino. A proposta é tanto uma resposta às demandas sociais de grupos ditos minoritários, quanto consequência de avanços historiográficos que identificaram seu papel ativo na história. Estender a discussão para as escolas é o passo natural para superar estereótipos, enriquecer o aprendizado e vencer desigualdades sociais.

Alex Degan defende a introdução da Grande Ásia como tema de estudo capaz de superar o eurocentrismo e os limites de uma História preocupada apenas com o "ser nacional". Convida a ver uma Ásia plural, pulsante e viva, repleta de contradições e ambiguidades, de forma integrada com complexas interações entre civilizações diferentes localizadas nas quatro partes do mundo e processos históricos desenvolvidos em variadas profundidades temporais.

Qualificação

Carlos Fico

é professor titular
de História do Brasil
da Universidade
Federal do Rio de
Janeiro (UFRJ) e
pesquisador do CNPq.
Coordenou a área de
História (Capes) entre 2011
e 2018. É autor de diversos
livros. Recebeu o Prêmio
Sérgio Buarque de Holanda
da Biblioteca Nacional,
em 2008, e colaborou com
o livro *130 anos: em busca
da República*, vencedor do
Prêmio Jabuti (Ciências
Sociais) em 2020.
Pela Contexto, é autor
do livro *História
do Brasil contemporâneo*.

Quem escreve a História: a qualificação do historiador

"Cada época é imediata a Deus." Esta é uma das muitas frases famosas do conhecido historiador alemão Leopold von Ranke. Ela foi dita em 1854 a Maximilian II, da Baviera, durante lições individuais contratadas para a ilustração do rei. Ranke já era um historiador famoso, com 59 anos. Maximilian reinava desde 1848 e estava com 43 anos. Além da perspectiva religiosa, Ranke indicava a importância de nos preocuparmos com as especificidades de cada época, evitando-se a suposição de que o progresso avança em linha reta, sendo mais "como um riacho, cujo curso serpenteia à sua maneira", como ele disse. Assim, a história que temos vivido não é superior àquela que viveram as gerações passadas, nem o prenúncio necessário de tempos melhores.

É natural a tendência que todos temos de supervalorizar o tempo presente. Parece razoável que nos voltemos para o passado com olhos de juízes, a fim de avaliarmos como chegamos até aqui. Isso frequentemente nos leva a uma atitude que podemos chamar de "retórica da iminência": os eventos que hoje presenciamos nos parecem decisivos ou muito graves, que estaríamos prestes a assistir a grandes mudanças, transformações sem precedentes.

Mudanças bruscas ocorrem, mas não são corriqueiras. O Holocausto, o bombardeio atômico de Hiroshima e Nagasaki, em 1945, a façanha da Apollo 11 na Lua, em 1969, ou o ataque de 11 de setembro de 2001 às torres do World Trade Center mudaram a maneira como vivemos e, em cada um desses momentos, nos deram forte impressão de aceleração do tempo, como se as coisas estivessem se transformando num ritmo inusual. Mas o cotidiano das pessoas não é sempre feito de experiências radicais e, frequentemente, a experiência da aceleração do tempo – de mudanças bruscas – dá lugar a fases de suspensão ou latência que descartam, de maneira quase tediosa ou banal, tudo o que já foi novo: a sensação de iminência passa. O teórico da literatura Hans Ulrich Gumbrecht descreveu a experiência das pessoas nos anos posteriores ao fim da Segunda Guerra Mundial: logo após a rendição da Alemanha, com o término da guerra, as cidades alemãs estavam em ruínas, não havia comida nem abrigos, tinha-se a impressão de que "algo intangível estava presente". O futuro parecia incerto, mas o jornal de Munique dava notícias de uma maneira "estranhamente distante", como se aquele fosse um tempo de normalidade. A verdade é que todos buscamos a melhor maneira possível de viver, inclusive em fases dramáticas. Isso não é uma lei histórica, mas simples fato da vida relacionado à sobrevivência.

Frequentemente, lemos na imprensa que um atleta "fez história". Ele superou os feitos do passado, atingiu marcas antes pensadas como inalcançáveis. O mesmo costuma ser dito de algo que aconteceu pela primeira vez, como a eleição de um presidente operário no Brasil ou a de um negro nos Estados Unidos. Todos ansiamos o reconhecimento do histórico. O direito de estabelecer o que é histórico, território quase exclusivo do historiador durante séculos, tornou-se, na segunda metade do século XX, atribuição compartilhada com os jornalistas. A imprensa – com a autoridade que a palavra impressa e a imagem publicamente veiculada têm – afirma que dado fenômeno (do presente) possui características tais que o situam, indubitavelmente, no rol daquilo que o senso comum chama de "fatos históricos": uma antecipação do trabalho do historiador.

O fato histórico, assim, se confundiria com o acontecimento inaugural ou espetacular, algo que poderíamos chamar de "momento de humanidade", instante no qual todos compartilhamos essa consciência transcendente e reveladora de nossa própria essência, a percepção benevolente do outro – com o qual dividimos nossa existência no planeta. Curiosamente, essa atitude coletiva de compaixão costuma ter origem em eventos traumáticos, dolorosos, sobretudo a morte: um genocídio, um acidente aéreo ou marítimo com muitas vítimas, um ídolo esportista que se vai, a morte de um líder político ou religioso admirado. Mas, se nos angustiamos nesses momentos trágicos, também nos rejubilamos em "momentos históricos", como nas celebrações esportivas mundiais ou quando comemoramos a superação de acontecimentos terríveis – como se deu quando do resgate dos meninos presos em uma caverna em Chiang Rai.

Para o historiador, entretanto, não é o caráter espetacular ou inédito de um fato que define o que é histórico. Eventos cotidianos ou banais podem ser porta de entrada para o conhecimento histórico. Aliás, raramente falamos em *fatos históricos*, mas em *processos históricos*, justamente para sublinhar a natureza paulatina e complexa do conhecimento que produzimos.

São muitas as maneiras de se conhecer a realidade, como o senso comum, as artes, as religiões e as ciências. O senso comum e os conhecimentos tradicionais são uma forma de saber que se baseia na experiência sensorial; por meio da arte, podemos, algumas vezes, evocar o conhecimento do passado pela simples visualização de um quadro ou por assistir a uma peça; a religião difere da ciência porque seu entendimento do mundo fundamenta-se em princípios certos e indiscutíveis, os dogmas, enquanto a ciência admite a possibilidade de que todo conhecimento pode ser infirmado, contestado – desde que a produção de tal invalidação seja metodologicamente controlada. A História, desde o século XIX, integra o campo das disciplinas acadêmicas que produzem enunciados com pretensão de verdade.

Assim, uma qualidade essencial do cientista é a humildade diante das outras formas de conhecer. Podemos oferecer respostas a algumas indagações ou necessidades humanas, mas, certamente, não a todas. No que diz respeito à História, a demanda por se conhecer o passado frequentemente se mescla à suposição de que é possível – com o conhecimento dos "erros" pretéritos – viver melhor no futuro. Esse é o tópico da História como "mestra da vida", imortalizado pelo escritor romano Cícero, concepção pedagógica que impregna o senso comum.

Cícero não falava propriamente da História quando tratou, em três diálogos, da natureza e dos atributos de um orador. Na passagem em que aparece a expressão *"magistra vitae"*, ele diz ao seu interlocutor que não há nada mais importante do que um orador completo, capaz de abordar com elegância e propriedade quaisquer assuntos. Ele, então, elenca algumas das qualidades do orador comparando-as com outras coisas: que música seria mais encantadora do que a proporcionada por um discurso compassado? Que recital seria mais harmonioso do que a cadência de um período bem moldado? Que ator de pantomima poderia dar maior prazer do que um orador na defesa da verdade? O que poderia ser mais delicado do que uma opinião rápida e inteligente? Para Cícero, não haveria assunto que um bom orador não pudesse tratar adequadamente. E mais: não haveria ninguém mais preparado do que o orador para fazer isso corretamente, porque ninguém seria tão caloroso na exortação da virtude, veemente na recuperação dos vícios, severo na repreensão do corrupto, elegante na exaltação do virtuoso, bem-sucedido ao reconfortar o aflito. É nesse momento que Cícero introduz nossa disciplina: "E quanto à História, quem mais, senão o orador, poderia eternizá-la?" Prosseguindo nessa exaltação do orador, Cícero, de passagem, define a História: ela seria "a testemunha dos tempos, a luz da verdade, a vida da memória, a mestra da vida, a mensageira da antiguidade".

Esses atributos nunca deixaram de habitar a imaginação dos que pensam a História e o historiador. Se quisermos jogar com as palavras de Cícero, é como se as pessoas dissessem: "− Quem, melhor do que o historiador, para se colocar neste papel do orador que confia a História à eternidade?" Para o senso comum, nós somos esse orador que Cícero enaltecia, e a matéria de nossos discursos – a História – é quase sagrada, pois a "luz da verdade" que mais poderia ser senão a fulguração do próprio tempo passado transubstanciado, na frente do público, em realidade? Quantos lugares-comuns não se associam a essas crenças? "O tempo é o senhor da razão", diz, esperançoso, o incriminado. "O tribunal da História me absolverá", garante o impenitente. Poderíamos colecionar muitas frases como essas.

QUE TANTO PODE O HISTORIADOR, ESSE ORADOR TODO-PODEROSO?

Pode muito, realmente. Ele carrega consigo dotes ancestrais, sobretudo estas duas capacidades, por assim dizer, "mágicas": dar visibilidade às coisas ausentes por meio da potência da palavra ("dispor os fatos diante dos olhos", como diziam os antigos estudiosos da retórica) e garantir a fidedignidade ou confiabilidade de seu testemunho presumidamente verdadeiro. A mensagem da Antiguidade vem ao presente afiançada pelo testemunho do historiador.

A discussão sobre o testemunho é essencial. É possível considerar dois aspectos antagônicos: de um lado, a suposição de que o historiador corre o risco de ser parcial, em função de seu eventual envolvimento com os fatos que assevera e busca narrar. Contrariamente a esse entendimento, antigas convicções garantiam, desde a Antiguidade, que o testemunho do historiador seria mais crível quando fosse ocular, ou seja, na medida em que trabalhássemos com fatos que víramos com "nossos próprios olhos" ao invés de conhecê-los por "ouvir falar".

Essa ênfase no *videre* estava presente em São Jerônimo e em outros autores da Idade Média. São Beda, por exemplo, explicou que sua *História eclesiástica do povo inglês* foi escrita a partir de três fontes: os documentos antigos, a tradição "dos maiores" e o seu próprio conhecimento – o que mescla o ver e o testemunhar.

Isidoro de Sevilha também valorizou o testemunho e o *videre*. Devemos narrar aquilo que pudemos testemunhar. Esse é o historiador inteiramente crível: "entre os antigos, não escrevia História quem não tivesse sido testemunha e houvesse visto os feitos que deveria narrar. Conhecemos melhor os feitos que observamos com nossos próprios olhos do que os que conhecemos por ouvido. As coisas que se vê podem ser narradas sem falsidade".[1]

Mas essa antiga convicção também está presente em autores contemporâneos, como Eric Hobsbawm: para ele, um jovem historiador que não viveu determinados episódios do século XX teria mais dificuldades em compreendê-los inteiramente do que ele, Hobsbawm, que os presenciou.

Todos sabemos que a observação direta dos acontecimentos narrados – que, afinal, indica o envolvimento do historiador nos fatos que pretende historiar – tornou-se motivo de suspeição quando da onda objetivista que prevaleceu no século XIX liderada pelo já citado Leopold von Ranke. Esse foi o motivo da verdadeira interdição que Ranke estabeleceu para a História do tempo presente: essa modalidade não poderia ser objetiva justamente por causa do perigo de tendenciosidade decorrente do envolvimento do historiador. Assim, o que antes era garantia de fidedignidade decorrente do *videre* tornou-se suspeição. Por isso, estabeleceu-se a ideia da necessidade do "recuo temporal", isto é, o historiador só poderia ser objetivo se tratasse de fatos distanciados no tempo, com os quais ele não estivesse envolvido. Entretanto, podem-se analisar com diversas perspectivas um objeto muito recuado no tempo, um fenômeno recente ou outro que esteja em curso. Portanto, a exigência de recuo temporal não conduz necessariamente a uma análise isenta de perspectiva.

Assim, a produção de conhecimento histórico defronta desafios consideráveis: de um lado, a necessidade de conviver humildemente com outras formas do saber; de outro, a generalizada expectativa da "luz da verdade", de respostas definitivas – algo impossível até mesmo para as ciências da natureza.

A História nunca é capaz de dar conta de tudo o que aconteceu na história – frase que assinala a multiplicidade de sentidos dessa palavra: ela designa tanto as coisas que efetivamente aconteceram no passado (a dimensão ontológica), como o conhecimento que temos sobre tais coisas (a dimensão gnosiológica), sem mencionarmos outras acepções. A dimensão ontológica é infinita; a gnosiológica, finita. Como em todos os ramos do saber humano, nosso conhecimento da realidade é limitado.

Mas a História enfrenta a dificuldade específica de ter acesso ao real apenas de maneira indireta: tentamos compreender o passado por meio de vestígios deixados por ele. Essa é a forma pela qual buscamos a objetividade, a verdade – esse horizonte utópico. São técnicas e metodologias que se constituíram há muito tempo, pelo menos desde o século XVI, em função da redescoberta de papéis antigos e da discussão sobre a canonicidade de textos sagrados, algo que prosseguiria no século XVII com a necessidade de se verificar a autenticidade de documentos da Idade Média. O debate sobre a autenticidade ou falsidade dos documentos inspiraria o desenvolvimento de várias técnicas, ou "ciências auxiliares" da História, como a paleografia (escritas antigas), a diplomática (documentos das chancelarias medievais), a papirologia, a sigilografia, a criptografia, a cronologia, entre outras. Quando Ranke, no século XIX, consolidou a História como disciplina acadêmica baseada no famoso método de crítica erudita do documento (crítica externa: verificação de sua autenticidade ou falsidade; crítica interna: interpretação e avaliação da veracidade de seu conteúdo), ele pôde contar com essa tradição.

O anacronismo será, talvez, o erro mais grave que um historiador pode cometer. Como foi dito no início, o risco de o presente dominar nossas preocupações é sempre grande e pode ocorrer de atribuirmos ao passado valores ou ideias que só fazem sentido na atualidade. Mas nossa inserção no presente é inelutável e, hoje, o historiador convive com renovadas formas de contestação da realidade e do conhecimento objetivo. Desde os anos 1970, temos discutido as transformações tecnológicas que suscitam alterações na sociedade: a fragmentação social, o fervilhar de particularismos, a onipresença do simulacro, do signo, a hipercomunicação com a decorrente ausência de pausas, de silêncio. É como se a utopia pós-moderna por excelência tivesse se realizado com a informatização da sociedade e a possibilidade de manipulação, por um lado, mas também a ludicidade, a liberdade e a estetização da vida, por outro. No início do século XXI, com o desenvolvimento da informática, da internet e o surgimento das redes sociais e dos aplicativos de mensagens instantâneas, a radical democratização da comunicação trouxe benefícios e problemas: hoje, qualquer pessoa ou organização pode funcionar como uma emissora de rádio ou de imagens produzindo notícias, comentários e opiniões com grande alcance. Pode, portanto, interferir na opinião pública, até mesmo por meio de falsidades – as chamadas *fake news*.

Este é um caso em que se deve ter cautela diante de possível incursão na retórica da iminência: essa situação é tão nova assim? As redes sociais e os aplicativos de mensagens instantâneas vieram para definitivamente revolucionar a política ou se banalizarão conforme surjam tecnologias ainda mais avançadas? Nos anos 1940, pensadores como Adorno e Horkheimer, da Escola de Frankfurt, construíram visão bastante negativa dos meios de comunicação de massa. Hoje, a TV, o cinema e a imprensa escrita vivem crise de obsolescência diante das novas tecnologias.

Seja como for, esse panorama, naturalmente, também afeta a História. Antigas concepções negacionistas ganham força, como, no caso brasileiro, a falsa suposição de que não houve uma ditadura militar ou de que não há racismo no país. A positividade da existência plural de interpretações é conspurcada pela defesa de versões opinativas não fundamentadas – o que amplifica a importância do ensino escolar da disciplina História, pois o debate de tendências historiográficas diversas não se confunde com a legitimação de quaisquer versões: a opinião é livre, mas ela não é conhecimento objetivo. Os debates sobre versões antagônicas ou atitudes negacionistas frequentemente desafiam o historiador, por vezes chamado a atuar como "perito": diante de questões concretas, judicializadas, será cabível ao historiador dizer o que é certo ou errado?

HISTORIADOR COMO PERITO

Em 1980, o ministro do Orçamento da França, Maurice Papon, mandou fazer uma espécie de devassa fiscal no semanário satírico *Le Canard Enchaîné*, que muito incomodava as autoridades. O jornal, em represália, investigou Papon e, no ano seguinte, o jornalista Nicolas Brimo publicou matéria intitulada "Papon ajudante de campo", acusando o ministro de ter colaborado com os nazistas durante a ocupação francesa pelos alemães: ele teria sido responsável pelo envio de mais de 1.500 judeus franceses, inclusive mulheres e crianças, para Auschwitz e outros campos de concentração e extermínio na Alemanha entre 1942 e 1944.

Durante a ocupação, Papon havia sido secretário-geral do departamento da Gironda, no sudoeste do país, quando trabalhou para o "Serviço de Questões Judaicas" do regime colaboracionista de Vichy. Depois da guerra, apresentou certificado (que hoje se supõe falso) de que havia atuado na resistência contra os nazistas. Maurice Papon teve carreira de sucesso. Ele se tornou chefe de polícia de Paris em 1958, função na qual ficou por oito anos, e ocupou diversos outros cargos a partir de então. Chegou a ser eleito deputado em 1968 e se tornou ministro em 1978 – posição na qual foi desmascarado por *Le Canard Enchaîné* quando estava com 70 anos.

A investigação durou muitos anos. O julgamento de Papon se iniciou em 1997, em um tribunal do júri em Bordeaux, capital da Gironda. Ele se defendeu pessoalmente com muito vigor. A sentença sairia no ano seguinte: Papon foi condenado a dez anos de prisão como cúmplice de crimes contra a humanidade e teve de indenizar familiares das vítimas. Tentou apelar, não obteve êxito, fugiu para a Suíça em 1999 e acabou finalmente detido. Três anos depois, foi solto por razões médicas. Morreria em 2007 e, com a ajuda de seu advogado, foi enterrado indevidamente com a Légion d'Honneur, a mais alta condecoração francesa, que lhe foi concedida em 1961 por Charles de Gaulle, mas acabou cassada em 1999 em função do julgamento.

A defesa de Papon citou alguns historiadores para atuarem como testemunhas. Um deles foi Henry Rousso, diretor do IHTP (Institut d'Histoire du Temps Présent), ligado ao famoso CNRS (Centre National de la Recherche Scientifique). Rousso havia lançado, em 1987, o livro *Le Syndrome de Vichy*, quando cunhou a expressão *passé qui ne passe pas* ("passado que não passa"), notabilizando-se como especialista nas consequências da Segunda Guerra Mundial. Ele foi um dos que se recusaram a testemunhar e divulgou carta explicando seus motivos. Alegou que a presença de historiadores em tribunais de justiça suscitava problemas porque eles não podem ser testemunhas. Como perito, ele não se ajustaria às regras de um tribunal: "uma coisa é tentar entender a história no contexto da pesquisa ou do ensino, com a liberdade intelectual que essa atividade implica, outra bem diferente é fazê-lo, sob juramento, quando está em jogo o destino de um determinado indivíduo", concluiu.

Anos depois, em 2003, numa conferência que fez na Universidade do Texas, admitiu que lhe parecia acertada a definição de Papon como cúmplice, não como responsável direto. Como o regime de Vichy não causou diretamente a "solução final", esse seria o ponto de vista mais próximo da realidade histórica: "historiadores e magistrados poderiam concordar", disse Rousso.

Polêmicas em redes sociais acabam por demandar a participação do historiador, reintroduzindo, em novo patamar, questões como divulgação científica e História pública, tanto quanto a dos "gêneros inferiores" – como o jornalismo já foi qualificado por historiadores ao pretender fazer História. Quem, afinal, pode fazer História? Esse debate costuma surgir quando, por exemplo, jornalistas alcançam sucesso com livros de História. Ele também foi retomado quando, recentemente, a profissão foi regulamentada no Brasil. Curiosamente, em um passado nem tão remoto, era frequente que professores universitários recusassem o título de historiador, como se fosse honraria demasiada.

A produção de conhecimento histórico impõe ao historiador algumas preocupações: ele deve buscar a objetividade, isto é, a verdade (sempre entendida como horizonte utópico, não como verdade absoluta). Também necessita articular refinamento teórico-conceitual com fundamentação empírica. Além disso, precisa construir narrativa histórica consciente de sua singularidade e dos recursos retóricos que mobiliza. Tudo isso, ademais, precisa amparar-se em erudição fecunda.

Ao menos desde o século XIX, a pretensão de objetividade e de verdade para o conhecimento histórico se confundiu com o debate sobre a sofisticação epistemológica da disciplina, isto é, seria a História uma ciência? Como já foi visto, a corrente inaugurada por Ranke tentou equiparar o método erudito à metodologia das ciências da natureza. Conseguiu incluir a História entre as disciplinas acadêmicas, mas inaugurou debates acalorados sobre questões como neutralidade científica e contaminação do conhecimento pela subjetividade. A aspiração aparentemente humilde, mas inexequível, de apenas mostrar como as coisas realmente aconteceram tornou os seguidores de Ranke, mais do que ele próprio, merecedores da acusação de objetivistas ingênuos. Igualmente, o excessivo apego ao documento escrito governamental atrairia críticas de oficialismo e elitismo. A História rankeana causou diversas reações negativas. Já no século XX, a exigência de imparcialidade e de objetividade foi criticada, por exemplo, por Charles Beard, defensor da ideia da História como "ato de fé": ela mudaria de acordo com quem a escrevesse. Carl Becker também defendeu posições relativistas desse tipo, pois cada um criaria a História como fruto de sua imaginação e experiência pessoal.

Mas a reivindicação de objetividade não esmoreceria graças a correntes como o marxismo ou as primeiras gerações do grupo francês ligado à revista *Annales*. O arcabouço teórico-conceitual do marxismo daria, a muitos, uma espécie de conforto epistemológico quanto à cientificidade da História. Do mesmo modo, o notável desenvolvimento metodológico e heurístico devido à "escola" dos *Annales* ampliaria os horizontes da disciplina, a partir de então enriquecida com abordagens inovadoras de especialidades como a História Econômica, Social, Demográfica e outras. Marxismo, *Annales* e outras correntes, ao abordarem processos históricos complexos, muito se distanciariam da velha História Política do século XIX e início do XX, "de reis e batalhas" – como foi pejorativamente chamada.

Não é o caso, neste espaço, de recuperarmos todas as questões sobre o tema debatidas ao longo do século XX. Mas é preciso assinalar que a polêmica sobre a cientificidade ou objetividade da História atingiria seu auge no final do século passado, a partir de meados dos anos 1970. A chamada "crise da História" foi expressão, em nosso campo, de algo maior, a crise da razão moderna, o questionamento da própria razão como parâmetro libertador. O sujeito consciente não seria capaz de conhecer transparentemente a realidade. A racionalização instrumental do mundo da vida, não submetida a valores, levaria à coisificação, representada na emblemática cena do filme *Tempos modernos*, de Charles Chaplin, em que o operário Carlitos aperta parafusos mecanicamente e acaba engolido pelas engrenagens do maquinário da fábrica. A antiga promessa do paradigma iluminista – de se alcançar a liberdade por meio do conhecimento – foi contestada pelo pensamento pós-moderno com a crítica da própria noção de cientificidade. A denúncia da suposta dimensão opressiva da razão moderna atingiu, portanto, o âmago do projeto iluminista: a possibilidade de o sujeito alcançar a liberdade por meio do conhecimento seria uma ilusão.

A crise teórica do marxismo – a partir do debate sobre a relação entre sujeito e estrutura e da contestação do determinismo econômico – correspondeu à incredulidade pós-moderna em relação às "grandes narrativas" (*métarécits*), especialmente as teorias sociais globais que pretendiam explicar, articuladamente, todas as esferas da realidade. Não chega a ser surpreendente, portanto, que as novas tendências historiográficas que surgiram na época buscassem se afastar das explicações globais, estruturais, preferindo cingir-se à dimensão do cotidiano e da subjetividade humana, os sentimentos dos indivíduos.

O conhecimento objetivo com pretensão de verdade científica, portanto, foi contestado em todos os ramos do saber. Em nossa área, essa contestação encontraria nas críticas de Hayden White um momento de auge: a chamada "questão da narrativa". Para White, os historiadores – ao contrário dos teóricos da literatura – não se dariam conta dos códigos e convenções retóricos que mobilizamos na construção da narrativa histórica. Essa narrativa se aproximaria perigosamente da narrativa ficcional, porque sua estrutura formal (que White chamou de meta-história) determinaria a relevância dos fatos que escolhemos e sua organização em um relato. Hayden White não questionou a efetividade dos acontecimentos, mas sublinhou a dimensão fictícia e imaginária de todos os relatos, inclusive o histórico, de modo que deveríamos levar em conta a adesão a eventuais filosofias da História, assim como as diferentes formas de imaginação.

IMAGINAÇÃO HISTÓRICA

O juiz Jean de Coras, do Supremo Tribunal de Toulouse, no sul da França, ficou muito impressionado com caso que julgou em 1560 e resolveu publicar um relato a respeito no ano seguinte, intitulado *Arrest memorable du parlement de Tolose*. O julgamento dizia respeito ao camponês Arnaud du Tilh, morador na vila de Artigat. Arnaud, na verdade, dizia ser Martin Guerre, que havia deixado a vila em 1548 após desentendimento com o pai, indo para a Espanha. Mas ele voltou para Artigat por volta de 1556, sendo recebido pela esposa, Bertrande de Rols, pelo tio e moradores. Entretanto, o tio de Martin, Pierre Guerre, passou a suspeitar da verdadeira identidade do homem e acabou dando início a um julgamento na cidade próxima, Rieux-de-Pelleport, acusando Arnaud de impostor. A corte ouviu mais de 150 testemunhas. A população local ficou dividida, mas o acusado foi considerado culpado e sentenciado à morte. Ele recorreu ao Supremo Tribunal de Toulouse e Jean de Coras foi incumbido de relatar o caso. Coras convenceu-se da inocência do acusado, mas o verdadeiro Martin Guerre reapareceu no tribunal. Martin havia perdido uma perna quando lutava no exército de Filipe II. Bertrande de Rols reconheceu o verdadeiro marido e alegou que tinha sido enganada pelo impostor. Arnaud terminou confessando e foi condenado à pena de morte. Martin e Bertrande voltaram a viver juntos.

A historiadora norte-americana Natalie Zemon Davis já conhecia essa história quando leu o relato de Jean de Coras no final dos anos 1970. Havia um romance inspirado no caso, de autoria da escritora nascida em Chicago, Janet Lewis, publicado em 1941 (*The Wife of Martin Guerre*). Conheceu, também, outro relato de jurista que participou do processo, Guillaume Le Sueur, intitulado *Admiranda historia de pseudo Martino Tholosae*. Ela sugeriu ao cineasta francês Daniel Vigne que filmasse o episódio. Natalie Davis foi consultora histórica do filme, protagonizado por Gérard Depardieu e lançado em 1982 com o título *Le Retour de Martin Guerre*.

Ela decidiu escrever um livro sobre o caso. Considerou que, diferentemente do filme, um livro acadêmico poderia levar em conta as dúvidas sobre o episódio, pois a documentação era restrita e lacunar (os autos do processo desapareceram). Natalie recorreu ao arquivo do Supremo Tribunal de Toulouse para conhecer a vida dos juízes. Pesquisou também a documentação cartorial, judiciária e literária de pessoas parecidas com os envolvidos no processo. Assim, além da análise imanente e retórico-formal do relato de Jean de Coras, Natalie Davis buscou conhecer seus personagens por aproximação, preenchendo as lacunas com "imaginação histórica". Ela argumentou que isso seria possível porque a vida dos envolvidos não estava distante das experiências mais corriqueiras dos seus vizinhos. Usava fontes sobre pessoas semelhantes a Martin, Arnaud e Bertrande porque, não contando com seus depoimentos, podia, ao menos, inventar algo embasado em depoimentos correlatos.

> O livro de Natalie Davis, publicado em 1983, tornou-se um *best-seller* mundial, mas sua autora sofreu muitas críticas pela inovação da imaginação histórica. Historiadores ortodoxos disseram que várias interpretações de *Le Retour de Martin Guerre* não se sustentavam em provas. Para Davis, entretanto, "se o que ofereço é, em parte, de minha invenção, está, no entanto, solidamente arraigado nas vozes do passado".

A questão da narrativa – ou *linguistic turn*, como ficou conhecida – foi talvez a dimensão mais grave da crise da História no contexto da crise da razão moderna ou crise de paradigmas: a narrativa histórica, como entidade linguística, pertence à ordem do discurso. O problema nunca foi inteiramente resolvido, apesar de as críticas de Hayden White terem motivado muitas respostas. Talvez a mais frutífera tenha sido a de Carlo Ginzburg, segundo o qual os fatos relatados em um texto histórico são percebidos como reais tanto a partir dos elementos textuais (retórico-formais), quanto dos extratextuais. Ginzburg inspirou-se em antigas reflexões de Cícero, Quintiliano e outros que estudaram a retórica para comparar o objetivo dos oradores, a *enargeia* (capacidade de colocar os fatos diante dos olhos da audiência), com as citações.

Uma das consequências da crise da História foi o afastamento dos historiadores do debate teórico-epistemológico mais amplo – talvez em função de sua complexidade. O virtual abandono do marxismo, que chegou a ter grande predomínio acadêmico nos anos anteriores à crise, tornou o uso de teorias sociais globais uma quimera. Isso, curiosamente, levou à proliferação de perspectivas conceituais referidas a abordagens metodológicas. As noções de imaginário, representações, cultura política, sociabilidades, mentalidades e tantas outras passaram a ser usadas como conceitos *ad hoc*, adaptáveis a pesquisas específicas, independentemente de enfoques teóricos globalizantes. Outra consequência foi a busca de refúgio nos arquivos, nos documentos: se o debate teórico é irresoluto, ao menos nesse campo do empirismo nos sentimos confortáveis.

Esses debates – aqui grosseiramente resumidos – deram margem a algum relativismo, ou neorrelativismo, de modo que a busca de objetividade deve ser constantemente revigorada para a efetiva qualificação da História e do historiador. Entretanto, como fazer isso depois de todo o alvoroço causado pela crise da História? Um bom caminho é amparar-se em concepções bem estabelecidas que valorizam o conhecimento não como expressão de um sujeito cognoscente todo-poderoso, mas como processo social ou, dizendo melhor, julgamento intersubjetivo da comunidade. Conforme dizia Immanuel Kant, teremos chegado a um grau suficiente de objetividade se algo for válido para os que avaliam racionalmente as circunstâncias. Karl Popper chamou isso de controle racional mútuo: a objetividade dos enunciados depende de eles poderem ser intersubjetivamente submetidos a teste.

Este é o princípio básico do conhecimento científico: a objetividade do conhecimento corresponde à intersubjetividade do método. Ou seja, é preciso que os pares sejam capazes de reproduzir as etapas metodológicas de nossas pesquisas a fim de validá-las ou refutá-las. Portanto, devemos ser claros e explícitos quanto aos nossos métodos, fontes e conceitos. O processo continuado de debate e crítica é o melhor garantidor da verdade do conhecimento histórico (e de qualquer outro conhecimento científico). Por isso é tão importante distinguirmos conhecimento de opinião, como já foi dito. O debate historiográfico é o próprio processo social do conhecimento em realização: o conhecimento objetivo é o que perdura e resiste à crítica continuada. Erros e lacunas de uma pesquisa são corrigidos por pesquisas posteriores. Enunciados continuamente confirmados, por outro lado, vão se tornando consensos historiográficos.

Os enunciados históricos, entretanto, demandam, talvez mais do que outros, uma espécie de "negociação" com os leitores. Além da comunidade de historiadores especialistas no tema de uma investigação dada, também nos dirigimos a leitores não especialistas. É, sobretudo, nessa esfera do agir comunicativo que se impõe a necessidade mencionada por Hayden White: assim como devemos deixar explícitos os procedimentos metodológicos que amparam nossos enunciados, precisamos, também, ter controle sobre sua dimensão retórico-formal. Nessa operação, é fundamental, por exemplo, evitar as prefigurações discursivas confortáveis, como o truísmo da condenação do "mal" ou a reiteração de "enredos" previsíveis que quase dispensam as evidências empíricas por possuírem dimensão dicotômica (burguesia *vs* operariado; repressão *vs* luta armada etc.). A qualificação do historiador e a validação do enunciado histórico também dependem desse padrão de objetividade que tem controle sobre a narrativa.

Isso se exemplifica com mais clareza quando tratamos de situações-limite ou sensíveis, como no caso de eventos traumáticos: é claro que a tortura, o extermínio ou os genocídios são condenáveis, mas a condenação ou denúncia explica pouco. A empatia que naturalmente temos em relação a vítimas de quaisquer arbitrariedades não impede o exercício da objetividade.

Essa negociação com os leitores, ou com qualquer audiência – como os alunos de uma sala de aula –, demanda um despojamento da parte do historiador de quaisquer reservas: seus enunciados serão tanto mais críveis quanto maior for sua transparência, não apenas em relação aos procedimentos adotados, mas também no que diz respeito às dúvidas que temos sobre o passado. Isso pode ser facilitado porque a narrativa histórica possibilita que as intervenções do autor e do narrador se mesclem sem comprometimento da verossimilhança. O historiador-autor que escreve sobre um processo histórico pode surgir na narrativa como historiador-narrador que alerta a audiência sobre as dúvidas analíticas ou fragilidades do material empírico. Nos debates clássicos sobre a retórica, a clareza e a verossimilhança aparecem como virtudes da narrativa.

Por fim, cabe mencionar a erudição. A imagem do historiador foi muitas vezes associada à do intelectual circunspecto, cercado de papéis embolorados, de livros antigos, fluente em diversas línguas. A erudição frutífera, entretanto, nada tem de caricatural, devendo ser uma das qualidades buscadas pelo historiador. Ela possibilita o exercício da comparação e o estabelecimento de analogias. Mesmo os temas muito específicos permitem comparações e analogias que tornam sua análise, em perspectiva histórica, mais refinada. Ademais, nunca partimos do zero, sendo poucos os assuntos por assim dizer "virgens", de modo que o amplo conhecimento de um tema depende quase sempre da leitura de muitos estudos já existentes. Por isso, a formação do historiador, do professor de História, demanda tempo, maturação intelectual e qualificação continuada.

Nota

1. "Apud veteres enim nemo conscribebat historiam, nisi is qui interfuisset, et ea quae conscribenda essent vidisset. Melius enim oculis quae fiunt deprehendimus, quam quae autitione colligimus. 2. Quae enim videntur, sine mendacio proferuntur." Tradução nossa. Para uma versão acessível em inglês: *Isidore of Seville's Etymologies*, tradução de Priscilla Throop, Charlotte, Medieval MS, 2005, v. 1, livro 1, 41.

Referências bibliográficas

Para uma introdução ao pensamento de Ranke, pode-se consultar o texto de Julio Bentivoglio no livro *Lições de História* (FGV, 2010), organizado por Jurandir Malerba. Os artigos relativistas de Carl Becker e Charles Beard foram publicados por *The American Historical Review*, entre 1932 e 1935 (v. 37, n. 2; v. 39, n. 2; e v. 41, n. 1). Para discussão introdutória sobre o marxismo, consultar capítulos pertinentes em *Ensaios racionalistas* (Campus, 1988), de Ciro Flamarion Cardoso. Uma visão geral dos *Annales* encontra-se em *A revolução francesa da historiografia* (Unesp, 1991), de Peter Burke. O livro *Sobre História* (Cia. das Letras, 1997) mostra o pensamento de Eric Hobsbawm. Vários livros de Hayden White foram traduzidos para o português e há um artigo seu disponível na internet, publicado pela revista *Estudos Históricos* (v. 7, n. 13). O artigo em que Carlo Ginzburg defende sua posição (*Ekphrasis and quotation*) foi traduzido e publicado na coletânea *A micro-história e outros ensaios* (Difel, 1991). Debate sobre História e pós-modernismo envolvendo Frank Ankersmit e Perez Zagorin foi publicado no n. 2 da revista *Topoi* (disponível na internet). A obra de Adorno e Horkheimer mencionada neste texto é *Dialética do esclarecimento*; a de Kant é sua *Crítica da razão pura*; a de Popper, *A lógica da pesquisa científica*.

Maria Ligia Prado

é professora emérita da Faculdade de Filosofia, Letras e Ciências Humanas da Universidade de São Paulo (USP). Autora, entre outros livros, de *América Latina no século XIX: tramas, telas e textos* (também traduzido para o espanhol). Pela Contexto, é coautora de *Nova História das mulheres no Brasil* e *História da América Latina* e organizadora da obra *Utopias latino-americanas: política, sociedade, cultura.*

Defesa do ensino de História nas escolas

Historiadores estão familiarizados com uma longa tradição de polêmicas sobre questões de ordem teórica e metodológica. Porém, há alguns consensos. Entre eles, a perspectiva de que escrever sobre o passado está vinculado a problemas propostos pelo presente. Vivemos no Brasil um período em que grupos com tendências marcadamente conservadoras desqualificam as Humanidades em geral, propõem um revisionismo historiográfico sem embasamento teórico ou empírico e desacreditam os princípios que fundamentam a ciência moderna. Desse modo, precisamos retomar temáticas que pareciam já ter sido superadas pelo tempo.

Por que estudar História? Eric Hobsbawm tem uma linda frase sobre os historiadores: eles são "o banco de memória da experiência". Em sua visão, as relações entre passado, presente e futuro são indispensáveis para todas as pessoas. "É inevitável que nos situemos no *continuum* de nossa própria existência, da família e do grupo a que pertencemos."[1]

Do mesmo modo, tal necessidade está presente em todos os espaços sociais e políticos mais ampliados. Desde que a humanidade passou a viver em sociedade, compreendeu a primordialidade de conhecer a sua própria história, de buscar suas origens, marcando sua existência no presente e legando sua herança como testemunho para a posteridade.

Quando penso nesta quase inevitabilidade humana de refletir sobre o presente e os acontecimentos à nossa volta, me vem sempre à mente – com admiração – a façanha de Tucídides. Ele escreveu no exílio, na Trácia, sua monumental *História da Guerra do Peloponeso*, enquanto a guerra ainda estava acontecendo. A guerra durou 27 anos e o autor morreu no vigésimo primeiro ano do conflito, em 410 a.C.[2] Sua obra é, ao mesmo tempo, uma clara demonstração da importância da História em qualquer tempo e uma enunciação dos procedimentos imprescindíveis ao ofício do historiador. Tomo aqui, como exemplo, um pequeno excerto:

> Quanto aos fatos da guerra, considerei meu dever relatá-los, não como apurados através de algum informante casual nem como me parecia provável, mas somente após investigar cada detalhe com o maior rigor possível, seja no caso de eventos dos quais eu mesmo participei, seja naqueles a respeito dos quais obtive informações de terceiros. [...] Pode

> acontecer que a ausência do fabuloso em minha narrativa pareça menos agradável ao ouvido, mas quem quer que deseje ter uma ideia clara tanto dos eventos ocorridos quanto daqueles que algum dia voltarão a ocorrer em circunstâncias idênticas ou semelhantes em consequência de seu conteúdo humano julgará minha História útil e isto me bastará.[3]

Esse trecho mereceria uma análise cuidadosa sobre as muitas ideias que carrega. Mas, para os fins deste meu texto, vale como uma confirmação de que, desde o passado longínquo, já havia uma reflexão crítica sobre a História e as complexas relações entre passado, presente e futuro.

E por que estudar História na escola? Mais à frente, falarei com mais detalhes sobre a instituição escolar. De momento, gostaria apenas de indicar que, no mundo moderno, em qualquer parte do globo, a escola mantém um lugar de relevância central para a educação da infância e juventude. E a História, como disciplina, é reconhecida como peça fundamental para a formação dos estudantes. Cito um exemplo significativo – e, talvez, surpreendente – para demonstrar essa minha assertiva: a questão do ensino de História para as populações indígenas no Brasil, tema sobre o qual a historiadora Circe Bittencourt tem se dedicado com particular acuidade. Em 1994, publicou um artigo que se mantém plenamente atual, em que relata que vários grupos indígenas solicitavam que se incluíssem em suas escolas disciplinas para além do domínio da escrita e da leitura, entre elas, a História. Como a autora bem explica, o ensino de História para populações indígenas é uma questão extremamente complexa, pois a relação entre as sociedades indígenas e o mundo dos brancos tem sido marcada, na maioria das vezes, por conflitos e violência. Visto por outro ângulo, a História concorre para a ampliação do universo cultural e político desses grupos e contribui para a elaboração de novas formas de lutas de resistência. A autora oferece vários exemplos, mas destaco a demanda dos mundurukus, do interior do Pará, que desejavam incluir a História dos povos indígenas nos currículos e pretendiam que os próprios índios a escrevessem. Para tanto, propunham partir dos documentos escritos pelos brancos em que se desenham as representações do "mundo civilizado" sobre os índios, mas também utilizar como fonte seus mitos, por meio dos quais é possível conhecer a origem e as transformações sofridas pelos mundurukus a partir da chegada dos europeus.[4]

Em suma, lembrei que a escrita da História acompanha a humanidade desde a Antiguidade clássica. E, dando um longo salto no tempo, pretendi indicar que as populações indígenas que vivem no Brasil na atualidade se constituem em forte testemunho da consciência da relevância do ensino da História nas escolas.

Indico agora um caminho para refletir, em conjunto com os professores, sobre a importância do ensino de História nas escolas. Escolhi fazer três perguntas abrangentes a respeito de problemáticas do presente. São polêmicas colocadas no debate público nacional por aqueles que têm assumido uma perspectiva negacionista e revisionista com relação ao trabalho do historiador profissional.

- Houve um golpe de Estado em 1964 no Brasil?
- Por que se confere pouco interesse ao estudo da História da América Latina no Brasil?
- Quais as inferências do projeto de lei que pretende autorizar o ensino domiciliar no Brasil?

Pretendo respondê-las – com rigor e espírito crítico – trabalhando com os procedimentos teóricos e metodológicos próprios do nosso ofício.

HOUVE UM GOLPE DE ESTADO NO BRASIL EM 1964?

Nos últimos anos, grupos políticos conservadores brasileiros tomaram a História como um campo privilegiado para batalhas ideológicas. Eles buscam apresentar reinterpretações de certos acontecimentos centrais da história do Brasil, tentando desqualificar competentes e consolidados estudos historiográficos. Dentre os muitos exemplos a serem citados, elegi um em particular: o golpe civil-militar de 1964. Em artigos na imprensa e entrevistas no rádio e na televisão, esses grupos insistem na negação de que houve um golpe de Estado que instaurou a ditadura por 21 anos em nosso país. Algumas declarações recentes de autoridades ilustram o fenômeno.

Em 1º de outubro de 2018, Dias Toffoli, então presidente do Supremo Tribunal Federal, afirmou na Faculdade de Direito da Universidade de São Paulo, durante uma palestra sobre os 30 anos da Constituição brasileira de 1988, que em 1964 não houve um golpe de Estado, nem uma revolução; foi apenas "um movimento". Tal declaração provocou a reação imediata de professores da Faculdade de Direito, que, em documento, afirmaram não compactuar com o revisionismo histórico proposto pelo presidente do STF. Alunos do Centro Acadêmico XI de Agosto também repudiaram veementemente as palavras de Toffoli.

Em 31 de março de 2020, a Ordem do Dia alusiva ao 31 de março de 1964, divulgada e assinada pelo ministro da

Defesa, Fernando Azevedo e Silva, e pelos comandantes da Marinha, do Exército e da Aeronáutica, iniciava com as seguintes palavras: "O movimento de 1964 é um marco para a democracia brasileira. O Brasil reagiu com determinação às ameaças que se formavam àquela época." Depois de genericamente apresentar as "ameaças ideológicas" enfrentadas pelo mundo em geral e pelo Brasil, em particular, o documento declarava: "A sociedade brasileira, os empresários e a imprensa entenderam as ameaças daquele momento, se aliaram e reagiram." Na perspectiva dos signatários, "as ameaças vinham de ideologias totalitárias em ambos os extremos do espectro ideológico que ameaçavam as liberdades e as democracias". Ainda, segundo o documento, "as Forças Armadas assumiram a responsabilidade de conter aquela escalada com todos os desgastes possíveis". E depois de tecer considerações sobre o papel das Forças Armadas como cumpridoras de sua missão constitucional, finalizava: "O movimento de 1964 é um marco para a democracia brasileira. Muito mais pelo que evitou".

Para analisar esses documentos e apresentar uma resposta densa e precisa sobre tal polêmica, proponho, em primeiro lugar, alinhavar brevemente os fatos acontecidos em 31 de março de 1964.

O governo de João Goulart (1961-1964) foi marcado por fortes tensões sociais e políticas. Delineavam-se dois campos em oposição: os conservadores e os reformistas progressistas, que buscavam atender às demandas sociais dos grupos mais desfavorecidos da sociedade. O descontentamento dos grupos civis conservadores e dos militares com o que era interpretado como um governo esquerdista culminou na noite de 31 de março de 1964. Nessa madrugada, o general

Olímpio Mourão Filho colocou suas tropas em marcha em direção ao Rio de Janeiro, surpreendendo conspiradores que aguardavam um momento mais propício para um golpe de Estado. Mas ele foi apoiado por um dos decisivos líderes civis, o então governador de Minas Gerais, Magalhães Pinto. No dia 1º de abril, o golpe se consumava com a destituição do presidente democraticamente eleito, João Goulart. Em 11 de abril, o Congresso Nacional elegeu indiretamente o então chefe do estado-maior do exército, o marechal Castelo Branco, para governar o país. Portanto, deu-se a quebra da legalidade constitucional.

O regime ditatorial durou 21 anos, tendo o Brasil sido governado por 5 diferentes militares eleitos indiretamente pelo Congresso Nacional. Durante esse período, a ação dos partidos políticos foi muito restringida. Lideranças políticas e sindicais, assim como de professores universitários considerados "perigosos" pelo regime, tiveram seus direitos políticos cassados. Entre 1966 e 1979, existiram apenas dois partidos, que eram fortemente monitorados pelo governo: a Arena, que congregava as forças que apoiavam o regime militar, e o MDB, que reunia os opositores ao governo. Nas universidades, houve perseguição e repressão de professores. Nos sindicatos de trabalhadores, ocorreram intervenções. Instalou-se a censura de imprensa e de manifestações artísticas, impedindo a liberdade de expressão em todos os níveis. Suprimiram-se as garantias jurídicas internas. Houve desrespeito aos direitos humanos até então garantidos por lei, com a prisão dos então denominados "subversivos". A tortura dos presos políticos passou a ser a regra, levando à morte de muitos deles.

A eleição de Tancredo Neves para a presidência do país por voto indireto de um colégio eleitoral, em 15 de janeiro de 1985, marcou o fim do período ditatorial.

Depois dessa apresentação (extremamente sucinta) do ocorrido em 31 de março de 1964 e seus desdobramentos, passo a analisar a tríade de conceitos sugeridos pelos documentos oficiais aqui mencionados: democracia, golpe de Estado e ditadura. Mas antes, uma brevíssima referência ao emprego do termo "movimento" nos dois textos de evidente caráter revisionista.

O dicionário *Houaiss* explica "movimento" como: "ato ou efeito de mover; mudança de um corpo de um lugar para outro; deslocação; agitação; alvoroço; confusão". Em termos historiográficos, o termo só ganha sentido se for agregado a um adjetivo como, por exemplo: movimento feminista, movimento operário, movimentos sociais e assim por diante. Em conclusão, movimento é um termo vago, indefinido e inadequado para denominar um acontecimento da dimensão do ocorrido em 31 de março de 1964.

Democracia

O conceito de "democracia" também merece atenção especial. Se formos novamente ao *Houaiss*, encontramos:

> democracia é o governo do povo; governo em que o povo exerce a soberania; sistema político cujas ações atendem aos interesses populares; governo no qual o povo toma as decisões importantes a respeito das políticas públicas não de forma ocasional ou circunstancial, mas segundo princípios permanentes de legalidade; governo que acata a vontade da maioria da população, embora respeitando os direitos e a livre expressão das minorias.[5]

Nessas definições, chama atenção que, na democracia, o povo é o protagonista, a legalidade constitucional deve prevalecer e a livre expressão de ideias precisa ser respeitada.

Como é bem conhecido, a democracia surgiu em Atenas de maneira embrionária no século VI a.C., e ganhou princípios robustos com Péricles, figura pública emblemática do século V a.C. A marca fundacional desse regime está fincada na proposição de que "o poder emana do povo". Ainda que haja variações sobre a implementação desse princípio, ele permanece como o pilar de sustentação dessa forma de governar. A democracia grega se caracterizava por ser direta, isto é, cada pessoa se autorrepresentava. Os cidadãos eram escolhidos por sorteio para participar da grande Assembleia que decidia os destinos de Atenas. Porém, não se pode esquecer as limitações impostas na época à categoria "cidadão"; apenas os homens participavam da política com a exclusão integral das mulheres; entre os homens, não havia distinções em termos de renda, mas estavam excluídos os escravos (que, em determinados períodos, formavam a metade da população de Atenas) e os estrangeiros (chamados de metecos).[6]

As práticas democráticas ficaram adormecidas durante séculos, mas voltaram a ter vigência a partir do século XI, em algumas cidades italianas, tais como Milão, Florença, Veneza, Bolonha. (Vale lembrar que o termo "democracia" apenas começou a entrar para o vocabulário político ocidental moderno depois da tradução para o latim que William de Moerbeke fez da *Política* de Aristóteles na metade do século XIII.) As cidades italianas haviam alcançado enorme crescimento comercial e, por isso, aspiravam a ter maior autonomia política, frente ao poder centralizador do Sacro Império Romano-Germânico e da Igreja Católica. Constituiu-se um governo baseado em um Conselho dirigido por oficiais chamados de *podestà* (senhor ou governador). Todos os cargos políticos dos Conselhos eram eletivos com uma duração limitada de exercício do poder. A experiência foi localizada e não muito duradoura. A cidade que mais resistiu foi Florença, até ser submetida ao poder da família Medici e acabar sendo absorvida pelo Grão-Ducado da Toscana, em 1569.

A democracia moderna está diretamente relacionada à Revolução Francesa de 1789, que derrubou o absolutismo real e os privilégios da Igreja e da nobreza. A Revolução colocou em pauta a questão da participação política de todos os cidadãos e a importância de um governo cujo poder emanasse do povo e não mais derivasse da vontade da Divina Providência. Para tanto, era preciso que o governante jurasse uma Constituição escrita por representantes do povo. Tal concepção se apoiava em uma base fundamental: a participação política dos cidadãos por intermédio do voto.

Durante todo século XIX, houve espinhosos embates pela ampliação do voto popular, com o objetivo de derrubar impedimentos de diversas ordens que restringiam a ampla participação popular para a constituição de governos representativos. Havia barreiras relacionadas a critérios censitários (possuir uma renda mínima, ser proprietário); religiosos (na Inglaterra, os católicos não tinham esse direito); culturais (os analfabetos eram impedidos de votar); de gênero (as mulheres estavam excluídas da política); étnicos (negros e indígenas eram considerados "incapazes" de votar). Apenas no século XX, depois de muitas lutas, esses entraves foram sendo derrubados. O voto feminino só foi conquistado depois de longa mobilização, quando, finalmente, as mulheres foram aceitas como "criaturas racionais" aptas a tomar decisões e, portanto, a exercer o direito do voto.

Golpe de Estado

Acompanhando a visão de Carlos Barbé, a expressão "golpe de Estado" entrou para o vocabulário ocidental a partir da França no século XVII. Nesse período, o termo apresentava acepções variadas e não muito precisas. Com o passar dos séculos, a expressão foi ganhando maior exatidão, especialmente depois que os Estados passaram a ser governados por constituições, no século XIX. A partir daí, "golpe de Estado" passou a se relacionar a mudanças bruscas no governo que violavam a Constituição legal de um Estado. Em geral, os líderes dos golpes – figuras que já detinham algum poder dentro do sistema – empregavam a violência para alcançar seu fim, ou seja, tomar o poder de Estado e governar sem os entraves das convenções políticas até então vigentes. No século XX, particularmente na América Latina, os atores dos golpes de Estado estavam personificados nos chefes militares. Sua ação era planejada para ser rápida e de surpresa, procurando reduzir a violência ao mínimo patamar possível. Implementado o golpe, seus líderes passavam a controlar os centros de poder tecnológico do Estado, as redes de telecomunicações, as centrais elétricas e os centros de entroncamento de transportes aéreos e terrestres.[7] Em suma, um golpe de Estado se concretiza ao se derrubar um governo democraticamente eleito pelo povo e implantar uma ditadura.

Ditadura

"Ditadura" é um conceito que também precisa ser pensado historicamente. De acordo com Mario Stoppino, a palavra *ditadura* tem sua origem na *dictadura* romana. Na antiga Roma republicana, a ditadura era uma solução extraordinária para fazer frente a uma situação de emergência política e tinha limites temporais constitucionalmente delimitados. O ditador era nomeado para resolver determinados problemas, como, por exemplo, a condução de uma guerra. "A ditadura era a maneira de suspender temporariamente a sua ordem constitucional a fim de preservar a integridade e a permanência."

A ditadura moderna, ao contrário, é um regime inconstitucional, pois subverte a ordem política preexistente. Promove um alto grau de concentração de poder no Executivo que pode ser exercido por uma única pessoa ou por um pequeno grupo ao redor do ditador. Ela se distingue por ser um regime antidemocrático que carrega uma conotação indubitavelmente negativa. A ditadura atribui poderes extraordinários aos órgãos normais do Estado e promove a transmissão da autoridade política de cima para baixo. A ditadura com características autoritárias baseia-se na ação coercitiva das Forças Armadas e das polícias para a manutenção da ordem. Ela penetra diretamente nas instituições e nos grupos sociais, reprimindo fortemente a oposição e contando com o apoio de parcelas importantes da sociedade para apoiá-la e sustentá-la.[8]

*

A compreensão do tripé formado pelos três conceitos – democracia, golpe de Estado e ditadura – nos permite fazer a crítica da interpretação revisionista apresentada na fala de Dias Toffoli e na Ordem do Dia de 31 de março de 2020 assinada pelos comandantes das Forças Armadas, entre tantos outros discursos existentes no mesmo tom. Podemos concluir que o que chamam de "o movimento de 1964" não restaurou a democracia no Brasil. Aconteceu o oposto. Tratou-se de um golpe de Estado liderado por militares e apoiado por civis que, de surpresa, derrubou o presidente João Goulart, democraticamente eleito pelo povo, e instaurou uma longa ditadura que suprimiu a Constituição vigente e, com o uso dos órgãos de repressão do Estado, manteve-se no poder por 21 anos.

POR QUE A HISTÓRIA DA AMÉRICA LATINA É POUCO ESTUDADA NO BRASIL?

A América Latina é frequentemente mostrada pela imprensa ou pela televisão de forma negativa, apontada como uma região convulsionada, atrasada, atravessada por paixões políticas incontroláveis. No âmbito da escola, a História da América Latina é apresentada como uma área de estudos sem grande importância. E, atualmente, no plano oficial do governo, a mesma atitude se repete. Um bom exemplo desse descaso é a decisão do então ministro das Relações Exteriores do Brasil, Ernesto Araújo, que, em fevereiro de 2019, reformulou o currículo do Instituto Rio Branco, escola de formação dos diplomatas do Itamaraty, e excluiu dele a disciplina de História da América Latina.

Surpreende que ainda seja necessário reafirmar que o estudo da História da América Latina, região geográfica onde o Brasil se insere, é necessário e indispensável. No campo das Relações Exteriores, há um consenso universal de que é preciso conhecer, antes de tudo, a história dos países limítrofes. Luís Cláudio Villafañe, em seu excelente livro sobre o barão do Rio Branco, demonstra que o conhecimento da história da América Latina foi imprescindível para as atividades político-diplomáticas do nosso ministro das Relações Exteriores no começo do século XX. Seus estudos, inclusive sobre a geografia da região, se revelaram essenciais para a resolução das tensas disputas de fronteiras do Brasil com o Peru e com a Bolívia.[9]

Apesar desse imperativo, não há dúvidas de que o desconhecimento sobre a história da região é generalizado. Ao invés de a História dos países do nosso continente ter lugar privilegiado nos currículos escolares e nos livros didáticos, a América Latina afigura-se como área menor ou secundária, tendo espaço apenas alguns eixos gerais – a colonização, a independência, o populismo, a ditadura – apresentados sem uma análise cuidadosa de sua complexidade.

Para entender essa visão que carrega estereótipos repetidos desde longa data, é preciso pensar historicamente, na perspectiva da longa duração. Há dois eixos de explicação para esse problema, um menos evidente e pouco explorado e um segundo, mais conhecido e trabalhado.

Tome-se o primeiro. Como bem sabemos, o Brasil faz parte da América Latina. Porém, os brasileiros nem sempre se sentiram (no passado e no presente) latino-americanos, olhando para os países de colonização espanhola com um certo ar de superioridade. Na minha perspectiva, a ideia da inferioridade dos países de colonização espanhola foi sendo forjada desde o século XIX, após a conquista das independências.

O Brasil escolheu o regime monárquico e manteve a unidade territorial herdada da colonização portuguesa. As antigas colônias espanholas, por sua vez, deram origem a países que seguiram, em linhas gerais, as divisões administrativas criadas pela Coroa espanhola durante o período colonial: o vice-reinado da Nova Espanha, o vice-reinado de Nova Granada, o vice-reinado do Peru e o vice-reinado do Rio da Prata. Mais importante nesse quadro é salientar que a República foi o regime político escolhido por todos esses países.

No Brasil, as interpretações de historiadores, políticos, publicistas e escritores sobre a formação do novo país insistiram na oposição entre a fragmentação das repúblicas hispano-americanas e a coesa unidade da monarquia brasileira. Nessas afirmações sobre os países de colonização espanhola, foram esquecidas as particularidades de cada uma das regiões que mantinham características econômicas e sociais divergentes, dificultando enormemente a manutenção de um Estado único.[10]

Organizar o Estado independente depois do rompimento dos laços coloniais foi uma tarefa hercúlea. Os debates sobre o regime político a ser escolhido, sobre as formas de participação democrática, sobre a questão da escravidão, sobre a situação dos indígenas e sobre os caminhos econômicos foram intensos. Interesses econômicos e sociais antagônicos entraram em forte disputa pela tomada do poder e pela organização de constituições que respondessem aos anseios dos diversos grupos. Ao mesmo tempo que problemas de ordem econômica, política e social eram enfrentados, também se elaborava a História dos países independentes em toda a região. No caso brasileiro, os historiadores do século XIX forjaram interpretações em que a unidade e a grandeza do território nacional estavam relacionadas ao regime monárquico. Houve uma convergência de perspectivas em direção à ideia de um imenso território que se manteve unificado e poderoso garantido pelo regime, desenhando, assim, os contornos de uma identidade nacional. Tal identidade nacional – recheada de ideias, imagens e símbolos – se contrapunha ao mundo hispano-americano republicano visto como fragmentado, anárquico, caótico.

Penso que a repetição continuada dos mesmos argumentos contribuiu para a constituição de um imaginário – que acabou por forjar uma memória coletiva – sobre a "outra" América, dissociando-a, separando-a do Brasil. Esses ideólogos do Império, que escreveram a História oficial do Brasil, defendiam a monarquia que se opunha às repúblicas "caóticas" da parte espanhola. Dessa maneira, deixavam clara a diferença que se devia estabelecer entre "nós" e "eles", entre a ordem monárquica do Brasil e "a desordem e a fragmentação" dos demais países da América Latina, "alimentadas pelas ideias republicanas".

A historiografia recente tem trabalhado com uma interpretação bastante diversa dessa. O historiador norte-americano James E. Sanders, por exemplo, defende a ideia de que, nesse período, na América de colonização espanhola, houve mudanças que promoveram avanços sociais alicerçados em opções de modernidade e de tolerância social. Ele afirma que, na metade do século XIX, na Colômbia (e, igualmente, em outras partes da América espanhola) floresceu uma alternativa que chama de "modernidade republicana americana": um período de genuína inovação política e de debate popular, quando se implementou uma visão de civilização que enfatizou projetos republicanos com a ampliação dos direitos dos cidadãos, fazendo a Europa parecer a reboque das novas ideias de modernidade aqui postas em prática. Porém, a partir da década de 1880, o que Sanders chama de "noções ocidentais de modernidade" – envolvendo inovação tecnológica, industrialização e poder do Estado – acabaria derrotando essa visão.[11]

Voltando ao nosso país, o advento da República não destruiu as distâncias entre o Brasil e a América hispânica, pois as diferenças, muito mais que as semelhanças, continuaram a ser destacadas. As visões que nos separavam contribuíram para a construção de um imaginário que forjou uma memória transformada em senso comum e que sempre remetia ao passado histórico como "prova" das nossas diferenças.

De fato, nas repúblicas latino-americanas, houve turbulência política, confrontos sociais, mudanças de constituição e de governos – fenômenos esses que devem ser entendidos como problemas próprios da construção dos Estados nacionais. Mas a ideia de que havia "paz e tranquilidade" no Brasil monárquico em contraposição à "anarquia" da América espanhola não se sustenta quando nos debruçamos sobre alguns acontecimentos extremamente difíceis enfrentados pela nossa monarquia. Como se sabe, houve inúmeras tentativas de separação do poder central que ameaçaram a manutenção da unidade nacional. Apenas para lembrar, cito algumas das rebeliões mais importantes: a Confederação do Equador, republicana e separatista que se iniciou em Pernambuco em 1824; a Guerra dos Cabanos, no Pará, entre 1835 e 1840, que só terminou com uma brutal repressão por parte das forças da monarquia; a Sabinada, na Bahia, em 1837-1838; a

Balaiada, revolta popular no Maranhão entre 1838 e 1841; a longa Revolução Farroupilha, republicana e separatista no Rio Grande do Sul, entre 1835 e 1845; as revoltas liberais em São Paulo e em Minas Gerais em 1842; a Praieira, de caráter liberal e federalista, em Pernambuco, entre 1848 e 1850. No plano exterior, o Brasil enfrentou uma guerra, entre 1825 e 1828, contra as Províncias Unidas do Rio da Prata (atual Argentina) pela disputa da então chamada Província Cisplatina, que terminaria com a independência do Uruguai. O Império brasileiro também se envolveu na guerra civil ocorrida na Argentina, em 1852, intervindo com suas tropas aliadas às do general Justo José de Urquiza, para a derrubada do governo de Juan Manuel de Rosas. E, finalmente, não se pode esquecer a grande Guerra da Tríplice Aliança contra o Paraguai, entre 1864 e 1870.

Portanto, ao analisarmos a história das duas Américas, a portuguesa e a espanhola, não há grandes diferenças em termos de agitação social, enfrentamentos políticos e dificuldades econômicas. No entanto, a força duradoura das interpretações produzidas durante o Império manteve até o presente a dicotomia marcada por estereótipos que estabeleceram a divisão entre "a desordem deles" e "a nossa ordem". Essa visão profundamente arraigada no imaginário social brasileiro produz ainda hoje uma perspectiva negativa *a priori* que, muitas vezes, impede que se estude a história da América Latina com interesse, seriedade e rigor crítico.

O segundo eixo de explicação é bem mais conhecido e está relacionado à visão eurocêntrica da História. Nessa perspectiva, a Europa Ocidental era apresentada como o centro irradiador da cultura e da civilização, e a história da América Latina aparecia como mero produto dos "grandes acontecimentos" daquele continente. Essa visão linear em que um polo dominante era o ativo e o outro se comportava como mero receptor, que aceitava passivamente as imposições vindas do exterior, foi extensamente criticada. Hoje podemos considerá-la ultrapassada.

Proposições teórico-metodológicas formuladas por um grupo de intelectuais – muitos deles indianos – denominadas "crítica pós-colonial" tiveram grande repercussão internacional. Para eles, o "discurso colonizador" penetrou nas "sociedades dominadas", emoldurando posições intelectuais, políticas e econômicas e atravessando as várias dimensões da cultura. Esses teóricos entendem que o conhecimento, embora visto como universal e originariamente europeu, não pode ser apresentado como produto exclusivo europeu, uma vez que foi construído com a participação do mundo considerado não ocidental. Entretanto, resquícios da velha perspectiva da centralidade da Europa ainda se mantêm, fazendo com que a trajetória da América Latina tenha um lugar secundário dentro do panorama geral da História Moderna e Contemporânea, facilmente identificável na organização temática dos livros didáticos e dos currículos escolares.

Ressalto que problemas comuns afligem a todos nós latino-americanos, tais como: pobreza, desigualdade social, migrações, ameaças à democracia, narcotráfico, entre outros tantos. E para que haja a compreensão das tensões e contendas do presente, o conhecimento histórico se impõe. Todas essas questões só poderão chegar a bom termo se tratadas a partir de políticas bem informadas e embasadas na história do nosso continente. Contudo, continuo a indagar sobre as concretas possibilidades do despertar de uma nova visão brasileira com relação a essa "outra" América, tão próxima e, ao mesmo tempo, ainda tão distante.

QUAIS AS INFERÊNCIAS DO PROJETO DE LEI QUE PRETENDE AUTORIZAR O ENSINO DOMICILIAR NO BRASIL?

Em 8 de outubro de 2015, o deputado federal por São Paulo, Eduardo Bolsonaro, em seu primeiro mandato, apresentou o Projeto de Lei n. 3.261 com a finalidade de autorizar o ensino domiciliar, também conhecido como *homeschooling*, "na educação básica, formada pela educação infantil, ensino fundamental e ensino médio" em todo o território nacional. O texto faz referência a projetos de leis anteriores (desde 1994) que tinham o mesmo objetivo, mas que foram arquivados, e a um mais recente (de 2012) que teve parecer favorável, porém "permanece no âmbito da Comissão de mérito".[12] O projeto salienta que o ensino domiciliar é autorizado em diversos países do mundo e afirma que, no Brasil, cresce o número de pais que desejam ensinar os filhos em casa por entenderem que o ambiente escolar é "pobre" e "ineficaz". O autor do projeto afirma:

> A simples convivência em ambiente escolar multisseriado com a presença de crianças e adolescentes de variadas idades por si só enseja preocupação e inquietude em questões relacionadas a violência, drogas, sexualidade precoce, bullying, valores culturais e religiosos etc., dos quais, muitas vezes, notoriamente o Estado não consegue tutelar alunos na medida desejada pelas famílias [sic] [...]. Mesmo a convivência em sociedade inequivocamente carreada [sic] de aspectos positivos não pode ser imposta pelo Estado em ambiente diverso ao desejado por quem detém o pátrio poder [sic].[13]

No projeto, não há justificativas didáticas, pedagógicas ou filosóficas para a proposição da autorização do ensino domiciliar. Para embasar a proposta, são apresentadas apenas indicações rasas e casuísticas. Evidencia-se ainda uma completa ausência de fundamentação teórica e de qualquer discussão sobre as práticas educacionais e os significados dos processos de escolarização.[14]

Em 11 de abril de 2019, o Ministério da Mulher, da Família e dos Direitos Humanos divulgou o texto de um projeto de lei assinado, naquele dia, pelo presidente Jair Bolsonaro, com o objetivo de regulamentar a educação domiciliar no Brasil. Similar ao projeto de Eduardo Bolsonaro, pretende alterar alguns artigos do Estatuto da Criança e do Adolescente instituídos pela Lei n. 8.069, de 13 de julho de 1990, assim como outros presentes na Lei n. 9.394, de 20 de dezembro de 1996, que estabelecem as diretrizes e bases da educação nacional. Interessante notar que o anúncio não partiu do Ministério da Educação e, sim, do Ministério da Mulher, da Família e dos Direitos Humanos. A ministra Damares Alves explicou a escolha: "Nós entendemos que é direito dos pais decidir sobre a educação dos seus filhos, é uma questão de direitos humanos. Então, a iniciativa sai deste Ministério sob esta vertente. É uma questão de direitos humanos também".[15]

A mesma ministra também apoia a proposta – até o momento frustrada – do Movimento Escola sem Partido, que foi criado em 2004, mas que ganhou maior repercussão nos últimos anos. Seus defensores se dizem preocupados com o grau de "contaminação político-ideológica" nas escolas brasileiras e acusam professores de "promover doutrinação ideológica". Além de incentivar o patrulhamento do trabalho docente, eles também têm sido propagadores do *homeschooling*. Em suma, o ensino domiciliar e o Escola sem Partido são duas maneiras complementares de grupos políticos conservadores enxergarem a escola e a educação.

Por essas e outras, a escola, uma das instituições mais representativas da modernidade, tem sofrido fortes ataques, passando a ser vista, por certos setores da sociedade, como "espaço perigoso". E o professor, especialmente aquele que ensina História, foi convertido em figura que precisa ser vigiada e controlada.

Creio que, mais uma vez, a melhor forma de refletir sobre tal fenômeno é pensá-lo historicamente, na perspectiva da longa duração. Qual o significado dessa instituição chamada escola? Quem deve frequentá-la? Qual o seu papel na sociedade?

Voltemos nosso olhar para a Europa do século XVII. No mundo moderno ocidental, havia poucas escolas, sempre ligadas às igrejas, que estavam direcionadas para pequenos grupos da sociedade e não se caracterizavam por uma organização homogênea. As famílias abastadas da nobreza e da burguesia não enviavam seus filhos às escolas. Escolhiam preceptores particulares – que, em geral, moravam nas casas de seus pupilos – para ensinar-lhes os conhecimentos que os pais considerassem essenciais. Em resumo, o ensino era restrito e o analfabetismo se mostrava generalizado. Havia uma abissal distância social e cultural entre os filhos das famílias abastadas e a maioria dos pobres, mesmo dos poucos que recebiam alguma forma de ensino.

Um marco importante na história da educação ocidental foram as propostas do bispo protestante da Igreja Hussita, nascido na Boêmia, Iohannes Amos Comenius (1592-1670), considerado o fundador da didática moderna. Em seu livro *Didacta Magna*, defendia a universalidade da educação, apoiando inclusive a presença de crianças pobres e de meninas nas escolas. Suas ideias inovadoras, que criticavam a aplicação do escolasticismo dominante na época, propunham um método de ensino que partia dos conceitos mais simples para chegar aos mais abrangentes.[16] As propostas de Comenius não tiveram aplicação imediata, mas apresentaram uma visão que seria retomada pelas gerações seguintes.

A preocupação com o ensino das camadas mais pobres da população esteve frequentemente no horizonte dos membros das Igrejas católicas e protestantes. Um exemplo claro dessa perspectiva está no trabalho do padre e educador francês Jean-Baptiste de La Salle (1651-1719), idealizador das Escolas dos Irmãos Cristãos, que funcionavam desde 1681. Tomando por base sua experiência pedagógica, La Salle decidiu escrever uma espécie de manual de como deveria ser a escola, o famoso texto *Conduite des Écoles Chrétiennes* (Conduta das Escolas Cristãs), publicado em 1706.[17] Nesse longo escrito, dividido em três partes e cada parte em capítulos, La Salle descrevia todos os detalhes de funcionamento da escola: a hora de entrada e de saída dos alunos, as lições, as preces, a missa, os cânticos, a vigilância, as faltas, os castigos, as recompensas e, até mesmo, os móveis. É um texto claro e preciso que enfatiza a homogeneização de comportamentos, a obediência dos alunos às regras e a prioridade da voz de autoridade dos mestres. Essa escola foi pensada como um espaço disciplinador destinado às camadas mais pobres da sociedade, que deveriam desempenhar suas futuras obrigações no mundo do trabalho com humildade e respeito pelo Estado e pela religião católica.

Os historiadores Vincent, Labire e Thin entendem que as Escolas dos Irmãos Cristãos, no fim do século XVII, contribuíram fundamentalmente para a criação do que eles denominam de "forma escolar" – regras estabelecidas *a priori*, horários, material escolar especial, maneira de escrever, castigos, recompensas –, inaugurando um padrão escolar praticamente vigente até o presente. Outra novidade importante era que, pela primeira vez, devia-se ensinar para toda a classe e não para cada aluno individualmente. A escola era um espaço fechado, autônomo, ordenado, onde o tempo era controlado e os deveres de cada um cumpridos à risca. Assim, elaborou-se um bem-sucedido modelo de escola que nós seguimos até hoje.[18]

Profundas transformações sociais, econômicas e políticas ocorreram na Europa e no mundo ocidental no século XVIII – da Revolução Industrial à Revolução Francesa –, acarretando mudanças nas perspectivas sobre o lugar da escola na sociedade. Os debates ocorridos durante a Revolução Francesa se constituem em outra matriz fundamental para se pensar a escola do presente. De forma contundente, pela primeira vez, se combatia a interferência da religião na educação e nascia a proposição de um ensino laico, universal, que defendia o princípio do direito ao saber de todo *cidadão* – palavra condizente com o novo vocabulário político revolucionário. Um texto exemplar sobre o tema é o do marquês de Condorcet (1743-1794), revolucionário de primeira hora, mas que acabaria preso no período do Terror, morrendo na prisão. Em seu texto, *Cinco memórias sobre a instrução pública*, apresentado para a

Assembleia Nacional, em 1792, preconizava a instrução pública a cargo do Estado e a igualdade de oportunidades para todos. Embora não tenha sido aprovado pela Assembleia, o caráter estatal e centralizado de seu projeto deve ser salientado, pois construiu o arcabouço de uma nova educação. Condorcet também foi um dos pioneiros na defesa de um ensino igual para meninos e meninas. De acordo com a pesquisadora Carlota Boto, materializava-se, por intermédio dele, a criação do modelo da escola do Estado-nação: única, pública, gratuita, laica e universal. O projeto de Condorcet tinha um claro compromisso com a meta de uma sociedade democrática. Ele preconizava que não bastava declarar um povo como portador de direitos – e a Declaração de Direitos do Homem e do Cidadão era a marca da Revolução – se cada um dos indivíduos não pudesse desfrutar deles. Esse sistema educativo nascido na França revolucionária se constituiu em exemplo que passaria a ser reproduzido no Ocidente.[19]

Porém, não só na Europa discutiam-se o lugar e a função da escola. Tal debate ocorria também do outro lado do Atlântico, na América espanhola colonial. Na Venezuela, em 1794, Simón Rodríguez, conhecido por ter sido o preceptor particular de Simón Bolívar, enviou ao Cabildo de Caracas um documento sobre a necessidade da criação de uma escola de primeiras letras na cidade.[20] É um documento longo e detalhado em que Rodríguez criticava as poucas e precárias escolas que existiam e formulava uma proposta de reforma. O Cabildo de Caracas aprovou o "Projeto de Escolas de Simón Rodríguez", mas entraves administrativos impediram que fosse implantado. Rodríguez advogava a necessidade de escolas de primeiras letras, administradas pelo Cabildo, onde se devia ensinar a ler, escrever e contar. Na sua proposta, essas escolas deveriam estar abertas a todos os meninos brancos. Mas ele introduz uma novidade notável ao mencionar a necessidade e a importância do ensino para meninos pardos, filhos de artesãos. Rodríguez não mencionou, contudo, as meninas como alunas em potencial (embora, em 1793, tivesse dirigido ao Cabildo uma representação para propor a criação de uma escola para meninas).[21] Rodríguez criticava o fato de não haver exigências mínimas que configurassem o perfil de formação do mestre e definissem as obrigações do aluno. Lamentava que qualquer um pudesse ser professor, admitindo ser muito comum que barbeiros e artesãos aposentados se transformassem em mestres de primeiras letras sem qualquer preparo especial. Além disso, queixava-se de que os professores se preocupavam em agradar aos pais, que, pela mínima razão, podiam tirar os filhos da casa de um mestre para levá-los a outro. Qualquer livro, pena, tinteiro, papel constituíam o material escolar, considerado sempre suficiente. Os pais estavam plenamente de acordo com essa situação, pois "não entendiam o verdadeiro valor do aprendizado". Portanto, os pais precisavam ser convencidos a levar seus filhos para aprender.

Durante o século XIX, os ventos do liberalismo e do republicanismo sopravam com intensidade cada vez maior, provocando, no âmbito da educação, alterações substantivas. Desenvolveram-se então propostas de uma educação popular que democraticamente deveria alcançar a todos os cidadãos e cidadãs. O século também assistiu a uma ferrenha luta entre o Estado e a Igreja pelo domínio e pela organização do sistema escolar em nível nacional. Esse embate ocorreu em diversos países da Europa e das Américas até que, depois de um longo tempo, o Estado saiu vencedor da disputa. Consolidou-se a vitória do Estado como definidor das diretrizes de uma educação obrigatória, laica e universal. Entretanto, as Igrejas continuaram a ter espaço garantido para a educação em todos os níveis de ensino.

O movimento geral da história no mundo ocidental se encaminhou numa direção bastante clara. Desde o século XVII, já se propunha a universalização do ensino e a organização da escola como uma instituição com regras e finalidades bem delimitadas. Numa vertente, ela deveria formar alunos plenamente conformados com o *status quo*. Em outra direção, a escola foi pensada como um lugar que proporcionaria conhecimento para que os alunos, meninos e meninas, se tornassem futuros cidadãos conscientes e críticos.

Ao atravessar o longo caminho temporal proposto, encontramos um embasamento histórico consistente para responder aos rasos argumentos apresentados no projeto de educação domiciliar mencionado no início. Nele, a afirmação de que a escola é "pobre e ineficaz" lembra as palavras de Simón Rodríguez no final do século XVIII. Contudo, para resolver essa questão, o mestre venezuelano propunha uma reforma que aprimorasse o ambiente escolar, solução que se coaduna perfeitamente com a situação atual.

A afirmativa de que "é direito dos pais decidir sobre a educação dos seus filhos, é uma questão de direitos humanos" indica uma incompreensão da concepção de direitos humanos, especialmente quando aplicados à educação. Desde a Revolução Francesa, a educação universal passou a ser um valor inquestionável, cabendo ao Estado proporcionar oportunidades de estudos para todas as crianças, por meio do pleno acesso à escola.

É imperioso enfatizar que o problema exposto no projeto relativo à existência na escola de "violência, drogas, sexualidade precoce" [que] "não conseguem ser tutelados pelo Estado" não está restrito à instituição escolar, mas se espalha pela sociedade brasileira em geral. Para solucionar tal problema no âmbito da escola se faz necessário tomar uma série de medidas. Para o melhor funcionamento das instituições públicas escolares é imprescindível que haja uma melhor remuneração de mestres e funcionários, que se aperfeiçoem a formação e a atualização de professores especializados e que se invista na manutenção das instalações escolares. Desse modo, será possível oferecer um espaço rico, estimulante, seguro e eficaz para o ensino e o aprendizado. Não custa insistir que professores bem formados e especializados são o alicerce do processo de aprendizado. No ensino domiciliar, tal alicerce se perde.

O ensino domiciliar se caracteriza por uma feição elitista e está em sintonia, no Brasil, com os discursos de privatização e de valorização do âmbito privado em detrimento do espaço público. Em termos simbólicos, o *público*, caracterizado pelo contato com realidades, pessoas e ideias diferentes, é visto no projeto de Eduardo Bolsonaro como algo "perigoso" do qual a família (ou seja, o mundo privado) precisa estar protegida. Em termos sociopolíticos, se configura como um projeto que pode resultar, no limite, na desobrigação da legislação constitucional em que o Estado deve oferecer educação pública, laica e gratuita para toda a população.

No século XXI, reafirma-se no mundo ocidental a conquista de uma educação universal. E as famílias, de acordo com suas convicções, têm muitas opções de escolha. Ao lado do ensino público, há escolas confessionais de variadas denominações, estabelecimentos com concepções de educação mais conservadoras e outros com linhas educacionais mais críticas e progressistas. Porém, em qualquer das circunstâncias, a escola continua sendo o lugar fundamental para a ampla socialização de crianças e adolescentes, para o conhecimento da diversidade e pluralidade das sociedades em que vivem, para a ampliação do olhar sobre o mundo e para um aprendizado integral que os prepare para enfrentar o futuro mercado de trabalho e para as regras de convivência democrática em sociedade.

CONCLUSÃO

Enfim, por que se deve estudar História na escola? Espero ter demonstrado com este exercício analítico que a História é disciplina essencial para a formação dos estudantes na instituição escolar. E o professor de História continua a ser figura central, não só para ensinar-lhes os conteúdos da matéria, mas também para fazê-los refletir sobre as questões do presente e do passado e ajudá-los a desenvolver o pensamento crítico. O ensino de História nas escolas é capaz de fornecer elementos para que os alunos se transformem em cidadãos conscientes e democráticos.

Notas

[1] Eric Hobsbawm, *Sobre História*, São Paulo, Companhia das Letras, 2000, pp. 37 e 36.
[2] Foi Xenofonte, em suas *Helênicas*, que continuou a narrativa de onde Tucídides havia parado.
[3] Tucídides, *História da Guerra do Peloponeso*, trad. do grego de Mário da Gama Kury, Brasília, Editora UnB/Instituto de Pesquisa de Relações Internacionais; São Paulo, Imprensa Oficial do Estado de São Paulo, 2001, Livro I, pp. 14-5.
[4] Circe Maria Fernandes Bittencourt, "O ensino de História para populações indígenas", em *Em Aberto*, Brasília, ano 14, n. 63, jul./set. 1994.
[5] Antônio Houaiss, *Dicionário da língua portuguesa*, Rio de Janeiro, Objetiva, 2001, p. 935.
[6] Sobre democracia, nessa perspectiva histórica, ver John Dunn (org.), *Democracy: the Unfinished Journey: 508 BC to AD 1993*, Oxford, Oxford University Press, 1992.
[7] Cf. Carlos Barbé, "Golpe de Estado", em Norberto Bobbio, Nicola Matteucci e Gianfranco Pasquino (orgs.), *Dicionário de política*, Brasília, Editora UnB, 1992.
[8] Cf. Mario Stoppino, "Ditadura", em Norberto Bobbio, Nicola Matteucci e Gianfranco Pasquino (orgs.), *Dicionário de política*, Brasília, Editora UnB, 1992.
[9] Luís Cláudio Villafañe G. Santos, *Juca Paranhos, o barão do Rio Branco*, São Paulo, Companhia das Letras, 2018.
[10] Sobre esse tema, ver meu artigo: Maria Ligia Coelho Prado, "O Brasil e a distante América do Sul", em *Revista de História* (USP), São Paulo, v. 145, pp. 127-49, 2001.
[11] James E. Sanders, *The Vanguard of the Atlantic World: Creating Modernity, Nation and Democracy in Nineteenth-Century Latin America*, Durham, Duke University Press, 2014.
[12] O projeto de lei está disponível na internet. Acesso em: 5 nov. 2020.
[13] Vale lembrar que a expressão "pátrio poder" foi substituída, no Código Civil de 2002, por "poder familiar", incluindo a participação da mãe na relação de poder sobre os filhos. Tal alteração foi ignorada pelo autor do projeto.
[14] "Escolarização" não se confunde necessariamente com "educação". Enquanto a "educação" se apresenta, em linhas muito gerais, como um fenômeno presente em todas as sociedades humanas por meio da transmissão e da troca de saberes entre gerações, a "escolarização" é uma invenção relativamente recente da modernidade ocidental. Dentro desse quadro, a partir do século XVIII e, principalmente, ao longo do século XIX, a escola passa a ser vista como um espaço privilegiado para a educação, dentro de uma lógica civilizatória que visava consolidar as nacionalidades na Europa e nas Américas, preferencialmente sob a égide da ação estatal. Ver

Cynthia Greive Veiga, "A escolarização como projeto de civilização", em *Revista Brasileira de Educação*, n. 21, pp. 90-103, set./dez. 2002.

[15] Elida Oliveira, "Projeto de lei que pretende regulamentar a educação domiciliar no Brasil prevê provas anuais e cadastro no MEC", em *G1*, 11 abr. de 2019. Disponível em: <https://g1.globo.com/educacao/noticia/2019/04/11/governo-divulga-projeto-de-lei-que-pretende-regulamentar-a-educacao-domiciliar-no-brasil.ghtml>. Acesso em: 5 nov. 2020.

[16] Anterior a Comenius, Carlota Boto destaca o pensamento do filósofo Juan Luis Vives (1492-1540), nascido em Valência (atual Espanha), que refletiu sobre a importância da instrução coletiva na instituição escolar. Cf. Carlota Boto, *A liturgia escolar na Idade Moderna*, Campinas, Papirus, 2017.

[17] Sobre o tema, ver meu artigo: Maria Ligia Coelho Prado, "Simón Rodríguez: mestre das primeiras letras e as ideias sem fronteiras", em Marcos Cezar Freitas e Moysés Kuhlmann Jr. (orgs.), *Os intelectuais na história da infância*, São Paulo, Cortez, 2002.

[18] Guy Vincent, Bernard Labire e Daniel Thin, "Sobre a história e a teoria da forma escolar", em *Educação em Revista – Dossiê: Trabalho e Educação*, Belo Horizonte, n. 33, p. 15, jun. 2001.

[19] Carlota Boto, *A escola do homem novo: entre o Iluminismo e a Revolução Francesa*, São Paulo, Editora da Unesp, 2010.

[20] O documento tinha como título: *Reflexiones sobre los defectos que vician la escuela de primeras letras de Caracas y medio de lograr su reforma por un nuevo establecimiento*.

[21] Em outras partes da América espanhola, também existiram propostas de organização de escolas de primeiras letras para todos. No México, por exemplo, José Maria Herrera apresentou, em 1786, um projeto para estabelecer escolas gratuitas para todos. As escolas deveriam ser abertas junto aos conventos para ensinar a doutrina cristã, mas também a ler e escrever.

Jaime Pinsky

Marcos Napolitano
é professor titular de História do Brasil da Universidade de São Paulo (USP). É autor dos livros *Como usar o cinema na sala de aula*, *Como usar a televisão na sala de aula*, *Cultura brasileira: utopia e massificação*, *1964: História do regime militar brasileiro*, *História do Brasil República* e *História Contemporânea 2*, além de ser coautor de *História na sala de aula*, *Fontes históricas* e *Novos temas nas aulas de História* (todos pela Contexto).

Negacionismo e revisionismo histórico no século XXI

Em 30 de julho de 2018, o então deputado Jair Bolsonaro, que seria eleito presidente do Brasil no final daquele ano, fez uma afirmação polêmica sobre o nosso passado escravista: "Se for ver a história realmente, o português nem pisava na África, foram os próprios negros que entregavam os escravos". A frase foi proferida em um tradicional programa de entrevistas na TV (*Roda Viva*, TV Cultura, 30/07/2018), quando o candidato foi questionado sobre a necessidade de cotas raciais como forma de reparação histórica aos afrodescendentes pela "dívida da escravidão". A intenção aqui, ao citar esse episódio, não é discutir a opinião do então candidato sobre a política de cotas, mas tomar como exemplo a frase que nega a responsabilidade histórica portuguesa sobre a escravidão e, por associação, a dos brasileiros depois da Independência que continuaram a manter o tráfico atlântico e o sistema escravista.

A afirmação provocou, obviamente, grande polêmica na opinião pública, entre os historiadores em particular. Ao negar a responsabilidade portuguesa, o candidato negava que os descendentes de escravizados fossem vítimas desse fardo histórico, a ser reparado, sugerindo um passado longínquo já superado pela nossa suposta "democracia racial". Mas o que importa para o tema deste texto é que o argumento utilizado continha uma mentira apoiada em uma meia verdade. Se é historicamente comprovado que "negros caçavam negros" no interior do continente africano para vendê-los aos europeus, não se pode dissociar o aumento dessa prática por conta das demandas crescentes do tráfico atlântico entre os séculos XVI e XIX. Por outro lado, também é historicamente comprovado que os portugueses "pisavam" na África para comercializar, inclusive escravizados, desde a fundação das feitorias de Arguim, em uma ilha na costa da atual Mauritânia (1448), e do Castelo de São Jorge da Mina, atual Gana (1482).

Esse tipo de estratégia de argumentação nos revela uma dupla distorção no conhecimento do passado, quase sempre mobilizada como parte das lutas políticas do presente. Esse aspecto é inevitável, e faz parte das interações complexas entre memória, identidades sociopolíticas e conhecimento histórico.

A primeira distorção é o recurso à mentira pura e simples sobre um evento ou fato histórico comprovado por fontes e por consenso de historiadores (independentemente das interpretações que se possa fazer sobre suas causas ou desdobramentos), conhecido pelo nome de *negacionismo*. A segunda distorção é a apropriação seletiva de fatos igualmente comprovados, sem a devida complementação de informações, para reforçar a tese negacionista. A isso chamaremos de *revisionismo ideológico*. A polêmica declaração do então candidato à presidência da República sobre a escravidão foi apenas uma caixa de ressonância, muito potente, para um conjunto de opiniões negacionistas e revisionistas que já circulavam nas redes sociais e em grupos políticos, sobretudo ligados à extrema direita. A ela, devemos somar outras visões negacionistas e revisionistas sobre temas históricos diversos: ditadura militar, conflitos com os indígenas no período colonial, processos políticos diversos da história do Brasil (como Independência e Proclamação da República), Idade Média, Holocausto judeu e outros tantos temas.

*

Diante da explosão de opiniões negacionistas e da (falsa) visão de que o conhecimento histórico é uma mera questão de opinião, tentaremos apontar alguns caminhos, sobretudo para o professor de História lidar com esses temas em sala de aula. Para tal, partimos de muitas perguntas. Qual o papel do historiador e do professor de História diante do negacionismo e do revisionismo ideológico? Como conciliar em sala de aula a necessária e saudável crítica às narrativas historiográficas consagradas, às "Histórias oficiais", quase sempre colocadas em xeque por novas pesquisas, com a manutenção da "verdade histórica"? O que significa "verdade histórica" diante de tantas possibilidades de interpretação historiográfica do passado? Como separar análise histórica de opinião pessoal sobre um fato ou personagem do passado? Como diferenciar uma revisão historiográfica legítima, que faz avançar o conhecimento diante de novas descobertas documentais e perspectivas teóricas, da impostura de correntes de opinião negacionistas e revisionistas, cujo objetivo é jogar uma cortina de fumaça sobre passados incômodos em prol de lutas políticas da atualidade?

Para tentar responder a essas questões, ainda que parcialmente, precisamos, a princípio, compreender muito bem o que significam os conceitos de *negacionismo* e *revisionismo ideológico* e a quem essas práticas têm servido nas últimas décadas.

MUDANÇAS DE PERSPECTIVA NO CONHECIMENTO SOBRE O PASSADO HISTÓRICO: O IMPACTO DO HOLOCAUSTO

A História sempre foi um campo de acirrada disputa em torno de suas funções sociais e ideológicas. Vale lembrar que a História, como "disciplina científica", surgiu no século XIX sob a demanda das novas elites políticas dos Estados nacionais recém-criados. Ela serviu para justificar fronteiras, uniformizar as memórias sociais dispersas de grupos, estamentos, regiões e etnias dentro de um mesmo Estado-nação, justificar o porquê de uma determinada elite estar no poder, além de criar um sentimento de patriotismo e nacionalismo que não raro acabou caindo na xenofobia e no racismo. Ao mesmo tempo que tinha esses objetivos abertamente ideológicos, a historiografia descobriu e sistematizou fontes primárias, aperfeiçoou ferramentas de pesquisa, delimitou conceitos e estabeleceu formas aceitáveis de defender pontos de vista interpretativos.

Os historiadores do século XIX, ainda que comprometidos com suas nações e com um conceito eurocêntrico de "civilização", corolário ao imperialismo sobre povos não brancos, tinham obsessão pelos "fatos concretos" e pela maneira mais ponderada possível de organizá-los em uma narrativa idealmente "neutra", sustentada por uma argumentação lógico-causal e fundamentada em fontes primárias. Essa contradição está no DNA da História como disciplina científica e ainda hoje faz com que o historiador busque um equilíbrio, nem sempre fácil, entre engajamento em uma causa e objetividade científica. Já era assim com os historiadores tradicionais do século XIX, na Europa e nas Américas, ainda que suas Histórias estivessem preocupadas mais com heróis nacionais, instituições hegemônicas, progresso material e elites políticas, civis e militares.

Mas esse tipo de narrativa histórica era criticado desde o fim do século XIX, abrindo espaço para historiografias mais interessadas em pesquisar as massas anônimas, o cotidiano do homem comum, as lutas sociais que expuseram as contradições das sociedades ao longo do tempo. Sua hegemonia nos meios universitários e escolares foi abalada severamente depois da Segunda Guerra Mundial e do Holocausto, frutos dos nacionalismos e racismos que, não raro, haviam sido estimulados pelas Histórias oficiais nacionalistas e elitistas. O resultado é que a pesquisa e a narrativa historiográficas se abriram definitivamente às vítimas coletivas das violências, e não apenas aos heróis nacionais, que muitas vezes eram, na verdade, perpetradores. Na mesma época, fortaleceram-se narrativas históricas, ancoradas em sólidas pesquisas historiográficas, visando à afirmação dos direitos e das lutas dos explorados, das minorias oprimidas e das vítimas de genocídios.

Para esta última corrente, era importante denunciar as omissões e os apagamentos a que foram submetidos esses grupos sociais nas Histórias oficiais conservadoras. Claro, estas continuaram existindo, mas perderam sua posição privilegiada, sobretudo na pesquisa universitária, dando lugar a outros temas, abordagens e métodos, mais preocupados com agendas mais amplas, críticas e inclusivas. A principal novidade da historiografia acadêmica e científica do segundo pós-guerra era o grande interesse pelas vítimas de opressão e genocídios do passado, e seus herdeiros diretos e indiretos no presente. Para analisar o lugar desses grupos no passado, muitas vezes era necessário criticar as bases da historiografia tradicional, tais como o culto aos fatos políticos estritos, o predomínio das fontes escritas oficiais que informavam a pesquisa (fontes institucionais, diplomáticas, legais) e a preocupação excessiva com a biografia individual dos "grandes heróis" formadores da nação.

À medida que essas novas historiografias se afirmavam, disputando espaço com as tradicionais Histórias factuais, era preciso descobrir novos métodos, novas fontes e novos temas, mais coletivos e mais processuais.

Um evento, em particular, consagrou este outro olhar sobre a história: o Holocausto. As pesquisas sobre o Holocausto exigiam o afastamento das fontes oficiais do Estado nazista (abertamente omissas ou mentirosas sobre aquele crime massivo), a valorização do testemunho individual da vítima sobrevivente como acesso à verdade factual, a crítica aos valores racistas que muitas vezes eram propagados em nome da civilização e da glória nacional.

O leitor poderia se perguntar o porquê da centralidade do Holocausto e dos crimes nazistas, dentre tantos crimes cometidos por vários Estados. Afinal de contas, não faltam crimes de massa contra a humanidade ao longo da história: contra opositores políticos (como no caso do stalinismo na União Soviética), contra povos submetidos ao colonialismo (como no caso das potências europeias na África e na Ásia) ou o genocídio interno dos povos originários (como no caso dos povos indígenas nas Américas). A resposta é que o Holocausto foi o catalisador de uma nova consciência sobre esse outros crimes, pela sua natureza hedionda (cometida contra uma população civil que sequer era opositora do Estado perpetrador ou representava qualquer tipo de vida alternativo ao dominante), pela sua forma (planejada, sistematizada, industrializada nos campos de extermínio), pela sua amplitude (com a morte de milhões de pessoas em relativamente pouco tempo e a intenção explícita de liquidar todo o povo judeu).

Mas o tema do Holocausto também incentivou e deu novo sentido a uma prática antiga nas disputas sobre o passado: a negação (ou a atenuação em alguns casos) de crimes coletivos cometidos por Estados e acobertados por uma parte de suas elites civis e militares. Essa prática recebeu o nome de *negacionismo*.

A consciência desencadeada pelos testemunhos e pelos estudos históricos sobre o Holocausto, seguida das lutas anticoloniais dos anos 1950 e 1960 na Ásia e na África, exigiu da opinião pública internacional, dos sistemas universitários e escolares, uma nova perspectiva sobre todos os outros genocídios e crimes de massa ao longo da história. Mas este novo contexto também ampliou e sofisticou os discursos negacionistas que, à guisa de denunciar os crimes nazistas como uma mera versão dos "vencedores da Segunda Guerra" (ou seja, as democracias liberais e a União Soviética), sempre almejaram a ocultação do projeto de extermínio dos judeus e de outros povos considerados inferiores, inaceitáveis e injustificáveis diante dos novos valores e da ordem internacional construída no segundo pós-guerra.

No caso específico do Holocausto, conforme o historiador Pierre Vidal-Naquet em sua obra *Os assassinos da memória*, o negacionismo adquiriu dois sentidos:

1. Negar o "caráter único" do Holocausto judeu (diluindo-o como um efeito colateral da guerra ou um excesso cometido por poucos).
2. Negar o assassinato em massa como uma operação intencional dos nazistas, uma política sistemática de Estado. Não se trata de um fenômeno ideologicamente uniforme, embora mais comumente associado à extrema direita e ao neonazismo.

Ainda conforme Pierre Vidal-Naquet, o negacionismo se utiliza de um conjunto de procedimentos e estratégias discursivas para questionar o consenso historiográfico sobre o tema e negar os crimes de massa dos nazistas. São eles:

1. Qualquer testemunho direto do Holocausto trazido por um judeu é uma mentira ou uma invenção.
2. Qualquer testemunho ou qualquer documento antes da liberação dos campos é falso ou é ignorado ou tratado como "boato".
3. Qualquer documento, em geral, que nos fale em primeira mão sobre os métodos dos nazistas é uma invenção ou um documento falsificado.

4. Qualquer documento nazista que forneça testemunho direto é considerado pelo valor de face se for escrito em linguagem codificada, mas ignorado (ou subinterpretado) se for escrito em linguagem direta. Por outro lado, qualquer manifestação de racismo de guerra nos campos aliados (e eles não faltaram, como se pode imaginar) é tomada em seu sentido mais forte.
5. Todo testemunho nazista após o final da guerra, levado a julgamento no Leste Europeu ou no Ocidente, em Varsóvia ou em Colônia, em Jerusalém ou em Nuremberg, em 1945 ou em 1963, é considerado obtido por tortura ou intimidação.
6. Todo um arsenal pseudotécnico é mobilizado para mostrar a impossibilidade material de gaseamento em massa.

O historiador e o professor de História devem ficar atentos a esses procedimentos e discursos, pois a rigor eles podem ser adaptados para qualquer postura negacionista sobre qualquer tema polêmico, com uma simples mudança de conteúdo, mas mantendo-se a mesma estrutura argumentativa: desqualificar os testemunhos das vítimas; acusar de falsidade documentos históricos reconhecidos pelos historiadores; acusar a inexistência de provas materiais do crime; supervalorizar qualquer documento que comprove sua tese negacionista sem a devida crítica documental.

O tema do Holocausto remete às relações entre *memória* e *História*, lembrando que há uma fronteira porosa entre ambas, sendo *História* uma operação intelectual-analítica, chancelada por um método objetivo, e *memória* uma construção identitária levada a cabo por grupos sociais e suas instituições. As interações entre ambas, obviamente, existem à medida que essas duas vertentes se ocupam do passado de uma sociedade.

A memória pode construir pautas e pontos de vista para a historiografia, pode estimular a crítica às Histórias oficiais que apagam sujeitos e conflitos indesejáveis, mas há também fronteiras. O historiador não pode ser o dono da memória social; valores e ideologias das memórias sociais de determinados grupos não devem condicionar a pesquisa histórica. A memória social é sempre "enquadrada" na forma de discursos e pela ação de instituições e agentes sociais reconhecidos e legitimados no campo cultural, político e científico. A "memória enquadrada", conforme o sociólogo Michael Pollak no artigo "Memória, esquecimento, silêncio", é articulada a partir de um conjunto de operações: testemunhos autorizados, documentos-monumentos, historiadores profissionais, arquivistas e instituições (oficiais ou não) e grupos informais que funcionam como guardiões do passado. Nessa perspectiva, os historiadores também atuam no enquadramento da memória, sobretudo quando tratam de temas sensíveis, ligados a violências de massa como o Holocausto.

Outro ponto de "porosidade" entre História e memória que foi potencializado pelo Holocausto: o lugar da subjetividade na História e o lugar do testemunho, um dos pontos mais atacados pelos negacionistas. Para Paul Ricoeur, em seu *A memória, a história, o esquecimento*, o "testemunho" é parte da primeira fase das três operações historiográficas – que são arquivamento, explicação, representação –, estando essa fase específica intimamente ligada à constituição de arquivos, sendo o "testemunho" constitutivo do documento histórico enquanto "memória declarativa". Para o filósofo, a confiabilidade do testemunho está diretamente relacionada ao seu estatuto de "veracidade", a partir do "confronto de testemunhos". Portanto, toda prova documental tem como base um testemunho, transformado muitas vezes em documentos escritos. No caso do Holocausto, bem como dos testemunhos ligados a outros crimes de massa que deixaram traumas e cicatrizes sociais (como nas ditaduras), o testemunho se torna "instituição" quando sua confiabilidade é certificada pelos agentes sociais, entre eles historiadores.

Muitas vezes, os negacionistas apelam para o "direito à livre expressão" para propagar suas ideias nefastas. A defesa do direito de opinião e de "liberdade de expressão", sem dúvida um dos princípios basilares da democracia moderna, é frequentemente reivindicada por negacionistas para expressarem suas ideias em público e buscarem reconhecimento no meio científico. Também no debate brasileiro, essa estratégia calcada na defesa de uma suposta "pluralidade de ideias" é brandida por negacionistas das ditaduras ou da escravidão. Mas lembremos da advertência de Pierre Vidal-Naquet sobre a confusão entre direito à opinião e estratégia negacionista:

> É possível sustentar que cada qual tem o direito de promover mentiras e farsas, e que a liberdade individual contenha esse direito, reconhecido na tradição liberal francesa, em prol da defesa do acusado. Mas o direito que o falsário demanda não deve ser concedido em nome da verdade.[1]

Portanto, não se trata de cercear o direito de opinião sobre um fato histórico, ainda que seja uma opinião frequentemente mal-intencionada e que vise acobertar crimes de massa. O problema é que quem emite tal opinião quer vê-la reconhecida como legítima e verdadeira, sob o ponto de vista do conhecimento histórico. Além disso, nenhum direito de opinião e de expressão pode incitar o ódio ou a injúria racial, colocando-se acima de um crime tipificado.

Finalmente, não se trata de impedir o debate sobre um fato histórico, ainda que marcado por temas sensíveis e complexos, que envolvem crimes, vítimas e perpetradores. No caso do Holocausto, há muitas vertentes interpretativas legitimadas no debate historiográfico, como, por exemplo, se havia uma cadeia de comando clara e intencional na direção do assassinato em massa desde o começo da perseguição antissemita na Alemanha nazista ou se havia uma pluralidade de estruturas que se combinaram e culminaram nos campos de extermínio. O que não é legítimo é inocentar a cúpula nazista da responsabilidade final pelos crimes de massa ou negar a existência de "câmaras de gás" ou de uma política de extermínio em massa não apenas de judeus, mas de ciganos e eslavos, entre outros grupos sociais e étnicos.

Os debates em torno do Holocausto judeu consagraram o termo *negacionismo*, mas sua amplitude acabou extrapolando este campo de estudos históricos. Assim, é preciso ampliar o próprio conceito de negacionismo e seu corolário, o *revisionismo ideológico*, para compreender seu uso em outros contextos e debates.

NEGACIONISMO E REVISIONISMO: CONCEITOS E ABORDAGENS

O "negacionismo histórico" pode ser incluído na grande família dos negacionismos científicos, das *fake news* e da *fake History*, com o agravante de ser utilizado, normalmente, para ocultar crimes de Estado, diluir suas responsabilidades e lutar contra a "justiça reparativa" a vítimas e seus herdeiros diretos ou indiretos. Os discursos negacionistas na História se alimentam dos mesmos princípios da "má ciência", ou seja, discursos que querem se passar por científicos, mas na verdade são falseadores da crítica, da descoberta da verdade e da reflexão. Dentre estas características estão:[2]

- Títulos sensacionalistas (muito utilizados em pseudodocumentários e vídeos de divulgação em redes sociais, mas também em artigos e livros de divulgação).
- Resultados distorcidos e manipulados extraídos de outras pesquisas.
- Conflitos de interesse entre o pesquisador e os objetivos da pesquisa.
- Confusão proposital entre correlação e causalidade.
- Linguagem especulativa em excesso, sem uma argumentação baseada em evidências ou resultados aferidos.
- Amostra documental muito pequena para conclusões muito amplas.
- Generalização de casos particulares e exceções.
- Pesquisas sem controle dos pares (outros cientistas) ou de instituições científicas creditadas e reconhecidas.
- Seletividade nas fontes ou nos resultados, ocultando o que não confirma a hipótese inicial.
- Impedimento de acesso livre de outros pesquisadores aos materiais (fontes) e a criação de obstáculos à reprodutibilidade nas análises.

A partir dessa característica geral da grande família da "má ciência", podemos definir os conceitos dos seus membros mais notórios no campo da ciência histórica: o *negacionismo* e o *revisionismo*.

O negacionismo poderia ser definido como a negação *a priori* de um processo, evento ou fato histórico estabelecido pela comunidade de historiadores como efetivamente ocorrido no passado, em que pese várias possibilidades de interpretação validadas pelo debate historiográfico. Em outras palavras, o negacionista rejeita o conhecimento histórico estabelecido em bases científicas e metodológicas reconhecidas, em nome de uma suposta "verdade ocultada" pelas instituições acadêmicas, científicas e escolares por causa de supostos "interesses políticos ligados ao sistema". Assim, os negacionistas alimentam e são alimentados pelas diversas "teorias da conspiração" que sempre existiram, mas que nos primeiros anos do século XXI têm sido canalizadas por interesses políticos, sobretudo de partidos e líderes de extrema direita, para combater os valores progressistas e democráticos. Em muitos casos, uma opinião negacionista tem sua origem em várias análises "revisionistas" do passado, que se propõem a revisar as teses e os estudos mais aceitos na comunidade científica.

Mas todo revisionismo histórico seria a antessala do negacionismo? Obviamente, não, pois a natureza do conhecimento histórico exige a revisão constante das interpretações dominantes sobre o passado.

Em linhas gerais, podemos definir o *revisionismo* como um processo de revisão do conhecimento factual e das interpretações historiográficas dominantes, com base em novas questões teóricas, novas hipóteses, novos métodos de análise e novas fontes primárias. Assim, há a revisão historiográfica como procedimento que é fruto do avanço do conhecimento, da mudança de perspectivas e do surgimento de novas fontes. Este é oxigênio da área de História, mesmo quando remexe em passados sensíveis e explicações aceitas.

Portanto, o conceito de *revisionismo* pode englobar um fenômeno mais complexo do que o *negacionismo* puro e simples. O sentido amplo dessa palavra pode incluir o legítimo e necessário trabalho da historiografia, que é o de buscar novas perspectivas e novas fontes para ampliar o conhecimento sobre o passado. Por outro lado, pode incluir a estratégia de muitos autores politicamente interessados que partem de uma perspectiva ideológica sobre o passado, simulam um método crítico e direcionam a conclusão das suas reflexões para questionar a consciência crítica da História como parte da luta pela democratização geral da sociedade.

O revisionismo propriamente historiográfico, ou seja, aquele calcado em argumentação lógica, novas fontes e métodos, ainda que coloque em xeque perspectivas dominantes na opinião pública, progressista ou conservadora, não pode ser descartado. Ele faz parte do debate historiográfico e como tal deve ser encarado.

Mas há um *revisionismo de matriz ideológica*, que parte unicamente de demandas ideológicas e valorativas e colige fontes e autores para confirmar uma visão pré-construída acerca de um tema histórico, quase sempre polêmico. Esse tipo de revisionismo é refém de objetivos meramente ideológicos, da falta de método e da ética da pesquisa historiográfica. Trata-se daquele revisionismo calcado na manchete sensacionalista sobre um tema histórico, na apropriação descontextualizada de trabalhos historiográficos, no anacronismo, no uso acrítico de fontes primárias (tomadas como "prova factual" a partir de uma leitura superficial, sem crítica ou contextualização), sempre com o intuito de defender uma tese dada *a priori* sobre o passado incômodo e sensível.

Não é raro que os dois revisionismos se entrecruzem, com autores revisionistas de "viés ideológico", como se costuma dizer hoje em dia, se apropriando de revisões historiográficas sérias, elaboradas por historiadores reconhecidos na comunidade científica, com o objetivo de desconstruir as pautas progressistas e de inclusão social apoiadas na crítica a crimes e injustiças do passado. O revisionismo ideológico se pauta no anacronismo (projetar no passado os valores do presente) e na seletividade intencional de fontes primárias e de excertos retirados do seu contexto argumentativo. Essa é a raiz da distorção, mesmo quando os revisionistas colocam questões instigantes e críticas, muito sedutoras principalmente aos leitores leigos e às correntes de opinião conservadora.

O importante é demarcar que tanto o negacionismo como o revisionismo ideológico não querem revisar e ampliar o conhecimento sobre o passado, mas destruir esse conhecimento, pela tática da mentira e da explicação enviesada sobre fatos e processos históricos polêmicos.

Conforme o historiador Luís Edmundo Moraes (no artigo "O negacionismo e o problema da legitimidade da escrita sobre o passado"), as principais armadilhas argumentativas dos negacionistas são:

a. Reivindicar o reconhecimento de procedimentos metodológicos de análise semelhantes aos dos historiadores não revisionistas.

b. Defender a necessidade de outras versões sobre um evento histórico (ou de uma "outra versão").
c. Denunciar a ausência de "prova" documental que "prove" que um crime ou violência foi cometido no passado.
d. Apontar a suposta "falta de conexão" lógica-causal entre os fatos que caracterizam o evento negado (ex.: "Por que os nazistas se concentraram em matar os judeus, desviando recursos preciosos da frente de batalha?"; "Como a escravidão no Brasil gerou o racismo se vivemos em uma sociedade mestiça?"; "Como os índios como um todo foram alvo de genocídio se eles se aliaram aos portugueses em várias ocasiões?").
e. Tomar o fato reconhecido e chancelado pela pesquisa histórica como "interpretação" e defender seu método como "factual".

Ainda para esse autor, os "argumentos" podem levar à ideia, errônea, de que os negacionistas constituem uma "escola historiográfica" e que defendem o "método histórico", visões comuns fora do campo historiográfico profissional. Essa ideia, muitas vezes, pode ser assimilada por cidadãos que não necessariamente têm má-fé e, de forma genuína, querem conhecer outras versões sobre um fato histórico. Para Luís Edmundo Moraes,

> [...] negacionistas não são historiadores, nem revisionistas [...] pelo fato de que a ideia de revisão é inseparável do processo de construção de conhecimento científico. Fenômenos e processos descritos, teorias e interpretações que não estão sujeitos à revisão não fazem parte do universo das ciências humanas, mas sim do universo das ortodoxias políticas, do pensamento mágico ou do pensamento teológico.[3]

Portanto, estamos diante não de um procedimento ou metodologia historiográfica, de base objetiva e científica, mas de uma "parametodologia", conforme expressão de Flávio Thales Ribeiro (ou seja, uma metodologia pseudocientífica), que é diferente do método utilizado pelos historiadores. Essa "parametodologia" é atravessada por fragilidades e imposturas de ordem teórica, científica e ética. Nesse ponto, o revisionismo ideológico e o negacionismo puro e simples se encontram e compartilham as mesmas estratégias:

a. Apropriação distorcida e seletiva de teses historiográficas reconhecidas.
b. Destaque sensacionalista para casos particulares e excepcionais do passado (personagens, valores, instituições), cujas peculiaridades transformam-se em regras e modelos para "demonstrar" como as teses consagradas por historiadores acadêmicos são "falsas".
c. Utilização de fragmentos de fontes primárias, sem a devida contextualização ou crítica.
d. Exposição linear de fatos e processos por relação direta de causa e efeito, abordagem há muito criticada e superada pela historiografia.
e. Defesa de posições sobre o passado que partem de um olhar ideológico, moral ou valorativo – mas devidamente ocultado –, adequando a argumentação para comprová-las (portanto, procedimento inverso do trabalho historiográfico, no qual o ideológico e o valorativo estão explicitados e devem estar limitados às perguntas colocadas e não às respostas obtidas).

Qual deve ser a resposta dos historiadores e professores de História? Em linhas gerais, os estudiosos do negacionismo não recomendam debater *com* negacionistas, sob pena de dar-lhes reconhecimento e um fórum legítimo no campo da historiografia. Mas, sem dúvida, é preciso compreender e debater o negacionismo. Como antídoto ao negacionismo, historiadores e professores de História devem sempre afirmar uma espécie de "metametodologia histórica" contra a "parametodologia" revisionista.

O que seria essa "metametodologia da História", em tempos de uma historiografia plural e com muitas alternativas teóricas válidas? Como evitar que, ao afirmar a existência de uma "verdade histórica", o professor não reafirme a existência de uma única interpretação válida sobre o passado e a "neutralidade" ideológica do historiador, visão contra a qual a historiografia contemporânea se rebelou há muito tempo? Como não cruzar a fronteira entre o *revisionismo historiográfico*, que faz avançar o conhecimento e pode dar foco em sujeitos ocultados e silenciados nas interpretações dominantes, e o *revisionismo ideológico*, que quer precisamente o oposto, reiterar o silêncio a processos históricos polêmicos e sensíveis e desqualificar visões efetivamente críticas da história?

COMO HISTORIADORES E PROFESSORES DE HISTÓRIA DEVEM LIDAR COM O NEGACIONISMO

O historiador e o professor de História, que atuam em tempos de negacionismo disseminado na sociedade, devem refletir profundamente sobre seu ofício para não caírem em armadilhas colocadas pela atuação sistemática de negacionistas e revisionistas junto à opinião pública, sobretudo nas redes sociais.

Nos últimos anos, dada a polarização político-ideológica da sociedade brasileira e de outras sociedades ao redor do mundo, têm sido muito comum dois tipos de desqualificação do trabalho de historiadores e professores de História que fazem parte deste rol de armadilhas com os seguintes argumentos:

1. Os historiadores não são "neutros" e, por causa da suposta "hegemonia marxista" na área e nas universidades, são meros doutrinadores de crianças e jovens inocentes.
2. Os historiadores são meros emissores de opinião travestida de pesquisa científica que oculta sua vontade de doutrinar ideologicamente o estudante no presente ao estudar o passado.

Obviamente, sempre cabe uma discussão sobre o decoro profissional de professores de qualquer disciplina, sobre a devida conduta diante das lutas políticas que ele vivencia, sobre seu compromisso ético e epistemológico ao abordar um tema histórico. Mas muitas das críticas obscurantistas que são dirigidas a historiadores e professores de História não têm a intenção de aprimorar esse debate, muito pelo contrário: a ideia é cercear a atuação do professor para impor, efetivamente, um discurso doutrinário em sinal contrário sobre o passado.

Para ser um bom profissional, nem historiadores, nem professores de História precisam necessariamente ser "neutros ou imparciais" diante do passado. Eles precisam de objetividade analítica historiográfica, o que implica o problema do distanciamento e da ética de pesquisa e ensino, da afirmação de princípios básicos da pesquisa historiográfica (a tal "metametodologia"), sem a qual nenhum trabalho historiográfico, que se quer como tal, se sustenta.

Em todo o trabalho historiográfico, seja na pesquisa, seja no ensino, pode estar presente uma perspectiva ideológica. Historiadores são cidadãos, têm paixões políticas e perspectivas engajadas sobre o passado que estudam. A diferença entre este e o autor estritamente panfletário (negacionista ou revisionista) é que o historiador deve explicitar suas perspectivas, políticas e metodológicas, não deve se desviar do método histórico calcado no trato crítico das fontes, não deve silenciar diante das evidências de fatos e processos verificáveis através das fontes e deve manter-se na argumentação baseada em conceitos e categorias de análise. Essa é sua ética de trabalho, base da pesquisa e do ensino de História. Isso é o que chamo de "metametodologia" da pesquisa histórica.

Esse desafio também inclui o professor de História do ensino básico, que não é um mero repetidor da historiografia acadêmica, mas que precisa manter com ela um diálogo fecundo, acessível aos alunos que devem desenvolver um pensamento histórico e conhecer as bases da produção do conhecimento sobre o passado.

Portanto, professores podem ser engajados, críticos, mas devem ter o cuidado de ser objetivos, evitar confundir argumentos valorativos (este ou aquele personagem foi "bom" ou foi "mau", este ou aquele processo foi "positivo" ou "negativo") com análise histórica.

O professor e o historiador devem, sobretudo, apontar os desdobramentos dos processos históricos, analisar as perspectivas e visões de mundo dos personagens históricos (escrutinar suas ações e contradições), examinar estruturas e instituições sociais, e suas relações com a produção simbólica, e as relações de poder de uma época. Mas, sobretudo, os professores devem contrapor visões, não para dar um tom imparcial à sua exposição didática sobre o passado, mas para mostrar um painel histórico plural e contraditório. Seu ponto de vista pode ser engajado, crítico, mas sua análise deve levar em conta os valores da época, o conflito das ações humanas, os projetos de sociedade em disputa, analisados da maneira mais objetiva possível. Claro, o tom do professor e suas estratégias didáticas podem variar conforme a faixa etária, o repertório e os valores dos alunos e os objetivos do seu trabalho.

*

Pessoalmente, defendo que a História e a historiografia façam parte da construção da cidadania e do Estado democrático de direito, o que significa ir além de uma historiografia de "esquerda" ou de "direita". É preciso reconhecer que essas nuances ideológicas existem na comunidade de historiadores e professores de História, e atuam na escolha de objetos e interpretações. Mas, em si mesmas, não são obstáculos ao conhecimento histórico, desde que o rigor metodológico, a ética de pesquisa e do ensino e a objetividade sejam mantidos. O engajamento, nessa perspectiva, não é sinônimo de militância voluntarista ou doutrinação político-partidária, como acusam movimentos conservadores e obscurantistas que na verdade querem esvaziar o ensino e a crítica. Tampouco é incompatível com o conhecimento histórico objetivo, preservando o direito à crítica de pares, alunos e cidadãos em geral, e aberto às diversas interpretações sobre o passado.

*

Os pesquisadores e professores de História, dos quais se deve cobrar rigor, ética de pesquisa e decoro profissional, não são meros emissores de opinião vazia e "neutra", mas profissionais que sistematizam o conhecimento histórico e ajudam a sociedade a conhecer a si mesma de maneira crítica, em suas virtudes e mazelas. Portanto, eles devem, antes de tudo, ter clareza da natureza da sua atuação profissional, bem como dos seus limites. Nesse sentido, o engajamento em si não é um problema, desde que as bases centrais do conhecimento histórico e sua disseminação pelo ensino sejam mantidas. Essas bases poderiam ser sintetizadas nos seguintes pontos:

- Explicitar posições teóricas e metodológicas ao leitor ou ao aluno, com base em literatura acadêmica reconhecida.
- Explicitar valores ideológicos e morais que guiaram a pesquisa.
- Dialogar com a historiografia sobre o tema, valorizando o debate entre os autores.
- Partir de evidências documentais, devidamente criticadas e contextualizadas com base no método historiográfico escolhido, sem esconder ou ocultar fontes contraditórias entre si.
- Discernir: o que é análise com base em evidências documentais, o que é argumentação prospectiva de quem analisa e o que é mera opinião valorativa.

- Não cair na armadilha do "direito à liberdade de expressão", que é sagrado e inquestionável para qualquer democrata, mas não deve ser confundido com direito de ser reconhecido e legitimado por "negar a verdade histórica", sobretudo para encobrir crimes contra a humanidade.

Não raro, o professor terá que lidar com situações e argumentos negacionistas em sala de aula e, obviamente, não lhe caberá cercear o direito de opinião dos seus alunos, ainda que essa opinião seja enviesada e, em alguns casos, com o objetivo de desqualificar o campo do conhecimento histórico que o professor representa. A opinião dos alunos é importante para mobilizar os repertórios e deve ser trabalhada como tal. Mas quando discutir o tema, eventualmente polêmico, o professor deve ter algumas estratégias:

- Valorizar o conhecimento e a cultura histórica do aluno, mas cotejá-los com os resultados da historiografia, permitindo que o aluno perceba semelhanças e diferenças, polêmicas e consensos, memórias de grupos sociais e seus valores. O professor deve ser um mediador dos debates, explicitando o que são suas opiniões pessoais, principalmente caso os alunos as solicitem, e o que é produto de consensos e debates historiográficos, baseados em fontes e pesquisa histórica.
- Valorizar o método historiográfico construído pelo conjunto de pesquisas historiográficas, suas conquistas, consensos, contradições e limites, e seus diálogos com o conjunto do conhecimento científico.

- A partir das premissas anteriores, enfatizar que o conhecimento historiográfico não é "opinião" sobre o passado, mas resultado de uma pesquisa com um método reconhecido pelas instituições científicas em constante revisão pelos pares e de um debate coletivo, para nos fazer refletir criticamente sobre as estruturas, os atores e as instituições sociais. Obviamente, o professor não precisa fazê-lo com esses termos, devendo se adaptar à faixa etária e ao repertório da sua classe.

A depender do grau do debate, o professor ainda poderá refletir sobre a natureza do revisionismo e do negacionismo historiográficos: a quem servem? Qual a origem das opiniões revisionistas? Trata-se de uma negação de reivindicações contemporâneas de grupos sociais perseguidos ou excluídos? O debate sobre um dado tema histórico foi chancelado por trabalhos historiográficos reconhecidos pelos pesquisadores pares?

Essa postura do professor ou do historiador não implica cercear a livre circulação de memórias sociais sobre os diversos temas do passado ou, ainda, impedir a emissão de opiniões por alunos sobre temas polêmicos. Trata-se, sobretudo, de impedir que memórias e opiniões sejam impostas como uma "versão historiográfica" sobre um determinado tema, em nome da ampliação da verdade histórica. Em ambientes escolares, essas memórias sociais e opiniões individuais devem ser problematizadas e cotejadas com a pesquisa histórica.

Em resumo, o melhor antídoto contra o negacionismo e o revisionismo é a *verdade histórica*. O problema é que a verdade histórica há muito tempo deixou de ser a verdade absoluta e factual que os historiadores cientificistas do passado, típicos do século XIX, buscavam. O conceito de *verdade* na historiografia dominante do segundo pós-guerra é definido como uma *verdade referencial*, uma perspectiva, um "ponto de fuga" identificável em fontes e evidências geradas pelo passado. Além disso, a busca pela verdade histórica, ainda que no limite essa verdade seja inalcançável – posto que o conhecimento histórico é sempre passível de interpretações –, deve ser um compromisso ético e ontológico do historiador.

Notas

[1] Pierre Vidal-Naquet, *Los asesinos de la memoria*, Buenos Aires, Siglo XXI, 1994, pp. 85-6 (tradução do autor).
[2] Adaptado de um guia geral disponível na internet, elaborado pelo site sobre ensino e história da Química Compound Interest (www.compundchem.com). Disponível em português no site: <http://press.exoss.org/guia-geral-para-detectar-a-ma-ciencia/>. Acesso em: 3 out. 2020.
[3] Luís Edmundo de Souza Moraes, "O negacionismo e o problema da legitimidade da escrita sobre o passado", em *Anais do XXVI Simpósio Nacional de História*, São Paulo, Anpuh, jul. 2011, p. 6. Disponível em: <http://www.snh2011.anpuh.org/resources/anais/14/1312810501_ARQUIVO_ANPUH-2011-ARTIGO-Luis_Edmundo-Moraes.pdf>. Acesso em: 3 out. 2020.

Bibliografia

KRAUSE-VILMAR, Dietfrid. A negação dos assassinatos em massa do nacional-socialismo: desafios para a ciência e para a educação política. In: MILMAN, Luís; VIZENTINI, Paulo (coords.). *Neonazismo, negacionismo e extremismo político*. Porto Alegre: Editora da UFRGS, 2000, pp. 17-46. Disponível em: <www.derechos.org/nizkor/brazil/libros/neonazis>. Acesso em: 25 set. 2020.

LIPSTADT, Deborah. *Negação*: uma história real. São Paulo: Universo dos Livros, 2017.

MILMAN, Luís. Negacionismo: gênese e desenvolvimento do genocídio conceitual. In: MILMAN, Luís; VIZENTINI, Paulo (coords.). *Neonazismo, negacionismo e extremismo político*. Porto Alegre: Editora da UFRGS, 2000, pp. 115-54. Disponível em: <www.derechos.org/nizkor/brazil/libros/neonazis>. Acesso em: 25 set. 2020.

MORAES, Luís Edmundo de Souza. "O negacionismo e o problema da legitimidade da escrita sobre o passado". *Anais do XXVI Simpósio Nacional de História*. São Paulo: Anpuh, jul. 2011. Disponível em: <http://www.snh2011.anpuh.org/resources/anais/14/1312810501_ARQUIVO_ANPUH-2011-ARTIGO-Luis_Edmundo-Moraes.pdf>. Acesso em: 3 out. 2020.

NETO, Odilon Caldeira. "Memória e justiça: o negacionismo e a falsificação da história". *Antíteses*, v. 4, n. 2, pp. 1097–123, 2009. ISSN 1984-3356. doi:10.5433/1984-3356.2009v2n4p1097.

POLLAK, Michael. "Memória, esquecimento, silêncio". *Estudos Históricos*. Rio de Janeiro, v. 2, n. 3, 1989.

RICOEUR, Paul. *A memória, a história, o esquecimento*. Campinas: Editora da Unicamp, 2007

VIDAL-NAQUET, Pierre. *Los asesinos de la memoria*. Buenos Aires: Siglo XXI, 1994.

Pedro Paulo Funari

é professor titular da Universidade Estadual de Campinas (Unicamp) e professor do Programa de Pós-Graduação em Arqueologia da Universidade de São Paulo (USP), além de pesquisador associado de universidades do Brasil e do exterior. Pela Contexto, é autor de *Grécia e Roma, Arqueologia, Pré-história do Brasil*; coautor de *A temática indígena na escola, História na sala de aula, História da cidadania, História das guerras, Fontes históricas*; e organizador das obras *As religiões que o mundo esqueceu* e *Turismo e patrimônio cultural*.

Anacronismos e apropriações

Notícias falsas não são propriamente uma novidade, elas já existiam no passado. Contudo, o neologismo *fake news* mostra que o fenômeno se tornou mais comum e mais grave em nossa época.

Na cerimônia de posse do ex-presidente americano Donald Trump em 2017, era fácil notar, observando as fotos e os vídeos, que havia menos gente do que na posse do presidente anterior, Barack Obama. Para corroborar essa percepção, bastava acionar um programa de computador simples capaz de contar o número de pessoas presentes nas duas ocasiões. Mesmo assim, Trump e equipe reivindicaram que o número de pessoas no evento de 2017 superava não só o de presentes na posse do antecessor, como na de todos os presidentes anteriores.

Versões errôneas de que a Terra é plana e de que o mundo não chega a ter seis mil anos têm hoje muitos adeptos, em contraposição aos avanços do conhecimento científico. Ironicamente, tais versões são propagadas por satélites que orbitam ao redor da Terra e acabam sendo difundidas, em grande parte, por meios cuja energia provém de combustíveis fósseis que resultam de milhões de anos de decomposição de plantas e animais. Ora, é possível observar do próprio espaço que a Terra não é plana. E não há explicação mais razoável para a formação de gases, petróleo ou carvão senão a antiguidade do planeta.

A proliferação de narrativas falsas coloca em questão não só a Geografia e as Ciências Naturais. A História enfrenta essa mesma praga, levando os professores a se perguntar: em época de *fake news*, como ensinar História?

Como toda forma de conhecimento, a História muda ao sabor das novas descobertas documentais e de novas interpretações dadas aos fatos históricos. É certo que o passado tal qual aconteceu constitui algo que não está acessível para observação e experiência direta. Mas seus vestígios podem estar, como, por exemplo, quando se consegue datar um esqueleto de dezenas ou milhares de anos, provando a antiguidade da presença humana na Terra. Já as teorias e os métodos de interpretação adotados pelos historiadores com relação ao passado podem mudar de acordo com as questões e os interesses de cada época, de cada presente e dos atores históricos envolvidos. Assim, eles podem estar a serviço da inclusão ou da exclusão social, da abertura ao "outro" ou do preconceito, da liberdade ou da opressão, da convivência ou da intolerância, para citar apenas alguns dos valores em jogo. Por isso, a História acaba sendo alvo privilegiado de pessoas e grupos que procuram manipular seus relatos a favor ou contra isso ou aquilo, muitas vezes distorcendo informações, inventando e mentindo. E o ensino de História também entra na mira, pois é na escola que valores são apresentados aos estudantes e tendem a ser inculcados nos futuros cidadãos adultos.

O *anacronismo* constitui meio privilegiado dessa manipulação, na medida em que passado, presente e futuro são misturados, tomando tempos diferentes como iguais (este é o sentido da palavra anacronismo, *ana* = contra, *cronos* = tempo).

Um anacronismo evidente é a ideia de que os seres humanos vivem e sempre viveram para minimizar os custos e maximizar os lucros. Esse princípio do capitalismo, compreensível para os dias de hoje, seria algo universal, fora do tempo, da história e da cultura.

Ora, na Pré-História, na Antiguidade ou entre os indígenas (ainda hoje), os seres humanos preocupavam-se com viver bem ou ser admirados, mas não com acumular bens e riquezas. Nos milhões de anos como caçadores e coletores, os indivíduos caçavam e coletavam apenas para usufruir, não havia sequer como guardar esses alimentos, era impossível acumular! Mesmo em sociedades estratificadas e até com escravidão (como no mundo grego ou romano antigo), ou com servos (como na Idade Média), esse tipo de acumulação não existia. Apenas com o capitalismo é que surgiu a tal busca da minimização de esforços para maximização de resultados ou do aumento contínuo da produção, assim como a valorização social do acúmulo de capital acima de considerações de ordem ideológica ou religiosa. Portanto, os valores capitalistas não são uma constante na história, desde sempre e para sempre, como se fizessem parte da natureza das coisas.

Aqui, veremos outros exemplos de anacronismos, como reconhecê-los e lidar com eles. Mas antes é preciso entender alguns conceitos.

APROPRIAÇÕES DO PASSADO, PRESENTISMO E USOS DA HISTÓRIA

O passado só existe no presente – no sentido de que só temos contato com o que se passou pelos vestígios que nos são disponíveis hoje – e está sempre em constante processo de *apropriação* ou *uso*.

Alguns estudiosos utilizaram-se do termo *recepção*. A recepção consiste na tomada de contato direta com algo antigo, como quando, no Renascimento (séculos XIV a XVI), textos gregos e latinos antigos foram redescobertos e lidos e quando estátuas ou edifícios antigos foram estudados e apreciados e, em ambos os casos, considerados modelos inspiradores por escritores, artistas e arquitetos. Um escritor como Erasmo de Rotterdam (1466-1536) esmerava-se no domínio do latim, mas combatia a mera imitação do estilo de Cícero (106-43 a.C.), considerado o mais equilibrado e elegante autor latino antigo. Assim, havia *recepção*, mas não era algo passivo nem subserviente de busca apenas da repetição. O mesmo pode dizer-se da estatuária de Michelangelo (1475-1564), inspirada nas esculturas antigas, mas própria e diferente. *Recepção*, se entendido como parte de um processo de interação com algo anterior, sem ser simples retomada tal e qual, pode ser um conceito útil para compreender diversos momentos históricos e suas *redescobertas* de outras eras mais antigas.

Recepção, portanto, não é simples reprodução, já que isso nunca é possível, pois as circunstâncias mudam, e depende do contexto de cada época e da compreensão daqueles que recebem, ou seja, dos contemporâneos.

O termo *recepção* acabaria sendo questionado e, em seu lugar, passou-se a preferir o termo *apropriação* (ou reapropriação, com o mesmo sentido). Apropriação é tornar algo próprio, tomar algo para si mesmo. Como quando dizemos "apropriei-me das ideias dele", no sentido de tê-las feito minhas. No caso da História, consiste em tornar próprio no presente algo do passado. Como ocorre com "democracia", termo grego antigo empregado para designar regimes, movimentos ou partidos contemporâneos. O conceito de *apropriação* tem ganhado força frente ao de *recepção* por enfatizar que o "tornar próprio" parte sempre do presente e de quem se apropria de algo, em determinado contexto e circunstâncias. A ênfase aqui sai do elemento do passado apropriado para o momento da apropriação. Assim, por exemplo, a expressão "recepção da democracia" destaca a Grécia antiga, já quando se diz "apropriação da democracia" o foco passa a ser o uso moderno do termo "democracia", diferente em cada caso, dos Estados Unidos à França, do Brasil ao Chile. Essa preferência dos estudiosos pelo conceito de *apropriação* reflete a valorização das diferenças do presente com o passado, frente às semelhanças aparentes.

Dito isso, podemos observar que, em qualquer época, há sempre *apropriações* do passado, como no Renascimento mencionado anteriormente. Mas algumas servem a objetivos políticos.

Vivemos, desde o século XVIII, sob o influxo do Estado nacional que, com as ideias iluministas e as exigências de mão de obra para a industrialização, tornou necessária a escolarização de massa. A criação e o desenvolvimento do Estado-nação moderno exigiram cidadãos alfabetizados e educados que compartilhassem língua e escrita, assim como a ideia de terem um mesmo passado e viverem num mesmo território, e a escola foi instrumental para isso. Antes, os franceses, por exemplo, eram identificados simplesmente como súditos do rei da França; falavam diversos idiomas (como o basco e o occitano, por exemplo) e viviam em diferentes lugares sem continuidade geográfica. A escola impôs o francês como língua comum, apontou (descobriu ou inventou) antepassados comuns (os gauleses seriam "os antepassados dos franceses") e delimitou um território contínuo para a França, o chamado "Hexágono". Processo semelhante no geral, mas específico em cada caso, ocorreu em ocasiões e circunstâncias próprias na Alemanha, na Itália, na Argentina ou no Brasil. A partir de então, a História aprendida na escola se *apropriava* do passado, fazendo uma releitura, tendo como objetivos os interesses dos Estados nacionais. Particularmente no Brasil, com a República e a ampliação do acesso à educação, a escola buscou criar uma identidade nacional por meio da imposição da língua portuguesa, mas também de uma nova interpretação da História nacional.

O ensino de História não foi moldado apenas pelas demandas do Estado. Ao longo do tempo, reivindicações de movimentos sociais, de trabalhadores e de grupos étnicos (como afrodescendentes, indígenas, imigrantes), de gênero e de pessoas com deficiência levaram à introdução crescente de novos temas e abordagens no ensino de História, além de exigirem respeito à diversidade. Esse movimento foi amparado, em geral, por medidas de caráter legal, como, por exemplo, a Lei n. 11.645/2008, que incluiu no currículo oficial da rede de ensino no Brasil a obrigatoriedade da temática "História e cultura afro-brasileira e indígena".

Além disso, transformações históricas também produziram efeitos nas percepções históricas. Por exemplo, a difusão da tecnologia digital e das comunicações cada vez mais rápidas contribuiu para o que o historiador francês François Hartog (n. 1946) denominou de *presentismo*, de predomínio do momento sobre o passado ou o futuro. Com essa tendência, o conhecimento do passado pode parecer algo entre irrelevante e divertido, enquanto o futuro é visto como mera projeção do presente. Dessa forma, alguns pensadores decretaram o "Fim da História", no sentido de fim das mudanças nas relações sociais, econômicas ou de poder em favor de um suposto progresso tecnológico infindável. Diante disso, a História ensinada ganhou um novo desafio: ser valorizada perante pais e alunos. Esse desafio atinge não só a História, como também todo conhecimento não aplicado ao chamado mercado de trabalho, ou seja, não diz respeito apenas à área de Humanas, mas também à ciência pura (não aplicada). Muitos argumentam que bastaria que alguns poucos entendessem de História, de Geografia, de Física, Biologia... em universidades e instituições de pesquisa de ponta, enquanto o cidadão em formação poderia prescindir de tudo isso. As consequências sociais desse modo de pensar – como, por exemplo, um grande desprezo de populações e governos pelo conhecimento científico, a propagação do fundamentalismo, a xenofobia, a intolerância – podem ser gravíssimas.

Quem trabalha com ensino de História deve ter em mente que tanto o nacionalismo acrítico (que em muitos momentos históricos serviu, inclusive, para justificar o imperialismo) quanto o presentismo podem levar a manipulações abusivas do passado, pelo *anacronismo*, para fins de dominação, exclusão ou eliminação. O mesmo François Hartog, para isso, utilizou a expressão *usos políticos do passado*, enquanto Moses Finley (1912-1986), décadas antes, havia preferido usar o termo *abuso*, que incorpora *uso*, mas já destaca o caráter opressor desse procedimento.

Os *abusos* da História promovidos por meio de anacronismos não são apenas contrários aos procedimentos do conhecimento científico, mas também, o que é mais grave, podem levar à morte e ao sofrimento em muitos contextos. Esse potencial destrutivo existe hoje, no mundo todo e no Brasil, em particular. Veremos aqui exemplos de como abusos históricos acabaram sendo trágicos para os seres humanos, e também como o ensino da História pode não só desvendar essas manipulações como igualmente propor outras leituras do passado, colaborando para um futuro de maior tolerância e respeito entre as pessoas. Elegemos dois temas centrais, alvos frequentes de usos e abusos do anacronismo histórico com consequências funestas: o racismo e a subordinação das mulheres, ambos (in)fundados na Antiguidade.

O RACISMO

O conceito de "raça biológica" é moderno, surge no século XVIII, com suas associações entre a aparência física, ou fenótipo (a cor da pele, as características morfológicas na estrutura óssea, em particular do crânio), e traços comportamentais de grupos humanos, de modo que *racismo* se aplica tanto à diferenciação biológica quanto àquela comportamental. O próprio termo "raça" deriva da palavra latina *ratio*, do verbo *reor*, cujo significado é valorar, estimar, calcular, daí que *ratio* seja valoração, estimação, cálculo e, daí, razão. O filósofo francês Michel Foucault (1926-1984) explicou que esse movimento de classificação, baseado em uma razão universal, foi uma maneira de categorizar tudo. Uma consequência desse raciocínio a respeito das "raças" foi a conclusão de que pessoas e povos de "raça inferior" podiam e deviam ser dominados por pessoas e povos de "raça superior".

Antes disso, havia violência, perseguição e morte, mas os motivos não eram explicados pela "razão" ou pela "raça", mas por outros fatores. Por exemplo, a escravidão de africanos desde a Idade Média, assim como a de outros povos, como os eslavos de pele clara, fundava-se em uma leitura da Bíblia, segundo a qual a escravatura era proibida apenas entre os fiéis cristãos, sendo que povos de outras crenças não só eram passíveis de ser escravizados, como podiam continuar nessa posição mesmo após sua conversão ao cristianismo. A própria escravização excepcional ou temporária de companheiros de fé chegava a ser justificada por uma leitura de uma passagem do Êxodo que fala dos hebreus (21, 2).

> Exorta os escravos a serem submissos a seus senhores, em tudo; a se mostrarem agradáveis, não os contradizendo, nem os prejudicando, mas, pelo contrário, dando provas de uma perfeita fidelidade, para honrarem em duo a doutrina de Deus, nosso Salvador.
>
> (Tito, 2, 9-10; tradução da CNBB)
>
> Ao comprares um escravo hebreu, ele te servirá durante seis anos, mas no sétimo sairá livre, sem pagar nada.
>
> (Êxodo, 21, 2; tradução da CNBB)

Com a chegada dos europeus ao continente americano, a escravização dos nativos indígenas gerou grande controvérsia entre os contrários a ela, como os padres Bartolomé de las Casas (1474-1566) e Antônio Vieira (1608-1697), e outros religiosos que defendiam a possibilidade de escravizar os nativos com base tanto na Bíblia como no pensamento de Aristóteles (384-322 a.C.). Entre os motivos apresentados para justificar a sujeição dos nativos estava coibir a prática do canibalismo. Em defesa dos indígenas, o filósofo francês Montaigne (1533-1592) (*Ensaios*, 1, 31) contrastou os tupinambás, que comiam uma pessoa morta, aos franceses, capazes de supliciar alguém até a morte, referindo-se às torturas que os europeus praticavam em suas querelas religiosas.

> Penso que há mais barbárie em comer um homem vivo que morto, dilacerar com tormentos e martírios um corpo ainda cheio de vitalidade, assá-lo lentamente e arrojá-lo aos cães e aos porcos, que o mordem e martirizam (como vimos recentemente, e não lemos, entre vizinhos e concidadãos, e não entre antigos inimigos, e, o que é pior, sob pretexto de piedade e de religião) que em o assar e comer depois de morto.
> (MONTAIGNE. *Ensaios*, 1, 31. Clássicos Jackson. Tradução de J. Brito Broca e Wilson Lousada. São Paulo: Jackson Editores, 1970.)

A invenção da "raça" como categoria científica está distante da Antiguidade, assim como a do racismo, algo de fato inexistente antes do próprio conceito de "raça biológica". Ora, se não havia "raça", não podia haver racismo. Na Antiguidade, justificando a discriminação, a perseguição e a subordinação de pessoas, havia estereótipos étnicos, mas nunca critérios raciais, no sentido moderno da palavra.

Além disso, no mundo antigo, os escravos eram mais claros do que escuros, enquanto morenos e negros, de cabelo cacheado, lábios grossos e nariz largo podiam ser pessoas ricas e poderosas. A cor da pele dos habitantes de Pompeia, na Itália, era mais próxima da de Obama (n. 1961) do que da de Trump (n. 1946). O comediógrafo latino Terêncio (195-159 a.C.), conhecido como o Africano, era negro, assim como Agostinho de Hipona, Santo Agostinho (354-430 a.C.). Naquela época, a tez clara podia ser valorizada pelo fato de indicar que a pessoa não precisava trabalhar exposta ao sol, portanto, que era rica, mas, no caso do varão, podia até ser o contrário, pois o verdadeiro militar de campo devia mostrar a tez escura, como revela a ironia do poeta latino Catulo, ao questionar se César de fato se expunha ao sol ou se comportava como uma mulher de elite protegida dos raios solares. Catulo, no original, usou o verbo *esse*, que em latim pode significar tanto *ser* como *estar*, assim, o segundo verso pode ser entendido como "não me importa saber se estás branco ou escuro".

> Não faço o mínimo, César, para te agradar.
> Nem quero saber se és branco ou preto.
>
> (Catulo, 93. In: OLIVA NETO, J. A. *O Livro de Catulo*. Trad. Haroldo de Campos. São Paulo: Editora da Universidade de São Paulo, 1996.)

Imagem do imperador romano proveniente da África, Septímio Severo, sua esposa árabe, Júlia Domna, e os filhos Geta, desfigurado, e Caracala. (Anônimo, cerca de 200 d.C.)

Imagem de casal de romanos, Terentius Neo e sua esposa, com tons de pele e feições mais próximos dos de Obama do que dos de Trump. (Anônimo, s. d.)

As discriminações na Antiguidade baseavam-se no que se costuma chamar hoje de *estereótipos étnicos e culturais*. Por exemplo, os espartanos eram considerados brutos pelos atenienses e estes efeminados, por parte daqueles. Os romanos achavam os gregos todos traiçoeiros: *timeo danaos et dona ferentes* (Virgílio, *Eneida*, 2, 49), "temo os gregos, mesmo quando trazem presentes", costumavam lembrar em alusão ao episódio do cavalo de Troia. Os cristãos eram considerados por muitos romanos ateus e ímpios por se recusarem a prestar culto a qualquer divindade. E os judeus eram tidos pelo historiador romano Tácito (56-120) como praticantes de todo tipo de ilícito. Já em algumas fontes hebraicas, os romanos aparecem como burros e violentos (características atribuídas, muitas vezes, aos imperialistas em diversas épocas e lugares).

O racismo moderno (que discrimina negros de origem africana e povos do Oriente como gente de "raça inferior") atribuído aos povos antigos surgiu de uma leitura abusiva da Antiguidade, em claro *anacronismo*.

Na verdade, muitos autores antigos consideravam a civilização grega devedora do continente africano e do Oriente, em diversas épocas e circunstâncias, como mostra o estudioso norte-americano Martin Bernal (1937-2013) em sua obra de 1987, *A Atena negra*. O historiador Heródoto (484-425 a.C.) pode ser considerado o pai não só da História, como propôs o pensador romano Cícero, mas também da Antropologia, da Etnografia e da Geografia, como foi mesmo, por ter considerado os gregos devedores de outros povos.

De fato, toda a cultura helenística e romana, a partir do século IV a.C., foi o resultado da interação entre culturas da Índia, Afeganistão, Irã (Pérsia), Mesopotâmia, Síria, Egito, Sudão, Líbia, norte da África, Europa Oriental e Ocidental, sem contar os contatos de longa distância com a China, a atual Rússia, os nórdicos e a África Subsaariana. Assim, todo o chamado Velho Mundo – Europa, Ásia e África – estava em contato, como atesta a presença da seda chinesa no Ocidente, de ânforas e moedas romanas na China e na Índia, além de marfim vindo da África Subsaariana, ao sul, e de âmbar proveniente do mar Báltico, ao norte da Europa.

Falar da existência de racismo já no mundo antigo (para ajudar a justificar o racismo moderno) faz parte de um *abuso* anacrônico da História Antiga. Quando, com relação à Antiguidade, foram identificados dois grandes grupos de idiomas aparentados entre si e opostos um ao outro – os indo-europeus, ou *arianos*, por um lado, e os *semitas*, por outro –, houve quem relacionasse essa diferença de estrutura sintática e semântica a visões de mundo antagônicas e contrapostas, que corresponderiam a diferenças biológicas ou raciais, entre arianos e semitas. A partir daí, outra extrapolação anacrônica e equivocada difundida no século XIX: os arianos seriam os antepassados de todos os guerreiros que dominaram a Europa e a Ásia, da Irlanda à Índia e ao Afeganistão, da Escandinávia ao Mediterrâneo. Os semitas seriam os antepassados dos dominados. Isso foi explicado, primeiramente, por uma suposta superioridade dos idiomas arianos, "complexos e ricos", frente aos semitas, "pobres e simples em linguagem". Em decorrência ou em paralelo, não se sabe bem, os arianos seriam "guerreiros conquistadores, batalhadores, práticos, racionais", e os semitas, "passivos, lascivos, sonhadores e irracionais".

Não por acaso, os brancos europeus (que se achavam superiores) seriam arianos, e os judeus e árabes (considerados inferiores), semitas. Turcos ou chineses, que não foram classificados nem como arianos nem como semitas, acabaram assemelhados a estes últimos, assim como os iranianos (persas) e indianos, de idioma indo-europeu, foram considerados arianos, mas não tanto, por estarem submersos pelo ambiente inóspito de semitas e de outros povos semelhantes.

Assim, para justificar o racismo cientificista moderno, foi necessário criar, nos séculos XIX e XX, com sua valorização da brancura e depreciação da tez mais escura, uma imagem de que a Antiguidade era branca e ariana (ou indo-europeia) – imagem essa cercada de conceitos racistas anacrônicos, inexistentes no mundo antigo.

Muita gente ainda hoje se surpreende ao saber que as estátuas gregas e romanas de mármore não eram originalmente brancas, mas pintadas, ou seja, se pareciam mais com as imagens de santos em uma Igreja católica ou de divindades indianas do que com as imagens reluzentes e branquinhas que se encontram nos museus.

Se antes a Bíblia era abusada, de maneira anacrônica, para justificar a escravização dos africanos, o racismo cientificista do século XIX teria consequências duradouras, muito além da escravatura. A percepção depreciativa de pessoas e povos por sua suposta origem biológica ou com base na aparência transcenderia a concessão formal de direitos, ou emancipação, de antigos escravizados ou de grupos étnicos e religiosos antes segregados, como os judeus ou os protestantes, em países de Estado católico, como a França ou o Brasil, em momentos diferentes. Na anglicana Grã-Bretanha, a emancipação de escravizados, de judeus e de católicos que ocorreu também no século XIX encontrou limites no nascente racismo, pois os antigos excluídos, africanos ou minorias étnicas e religiosas, continuaram a ser estigmatizados, agora em razão de sua "raça".

O racismo cientificista obviamente não era científico, baseado em fatos observáveis, derivado da experiência, daí que o chamamos de "cientificista", ou seja, um abuso da ciência. O anacronismo histórico foi essencial para que ele adquirisse ares de coerência ante a falta de qualquer evidência concreta. Assim, muitos estudiosos da História se propuseram ler todo passado, em particular a Antiguidade, sob o prisma da identificação de "raças" superiores e inferiores, de dominação "natural" de umas pelas outras.

Argumentaram que as línguas portam a capacidade de compreender o mundo, algo que é, de fato, lógico, pois há uma relação entre percepção do mundo e linguagem. (Por exemplo, os esquimós distinguem, em seu idioma, muitas tonalidades do branco, imperceptíveis por quem fala uma língua sem essas sutilezas, como o português. Isso ocorre porque pequenas variações na neve – irrelevantes para quem vive em outros climas – podem ser importantes para a sua sobrevivência.) Dessa constatação deriva que distintos idiomas organizam o mundo de maneira diferente. Porém, os estudiosos racistas foram além e hierarquizaram os idiomas, colocando no topo o grego antigo e outras línguas aparentadas com origem comum, chamadas de indo-germânicas nos países germanófonos e de indo-europeias em contexto inglês e francês. Para eles, essas línguas seriam todas derivadas de um povo indo-europeu ou ariano. O termo *ariano* deriva do termo *Ária*, usado em línguas da Índia e da Pérsia para se referir aos nobres. Os estudiosos associaram, então, línguas a "raças", dando a entender que teria havido um povo original ariano (ou indo-europeu), de nobres guerreiros conquistadores, que teria dominado, no segundo milênio a.C., toda a Europa e o Oriente, da Pérsia à Índia. Esses nobres guerreiros seriam nórdicos, de pele branca, cabelos loiros e olhos claros. Nos lugares em que viam que os atuais descendentes não eram tão claros, como na Índia, os estudiosos racistas explicavam esse fenômeno pela "contaminação do convívio com os inferiores locais". No caso da Índia, os brâmanes seriam os arianos e as outras castas, os inferiores.

Os anacronismos se somaram: os gregos antigos, inventores da Filosofia, teriam "o idioma mais perfeito", tanto por seu vocabulário e forma de composição de conceitos, como por sua sintaxe, tempos verbais e tudo o mais. *Logos*, a razão, serviria como prova disso: essa palavra significa junção, associação, colocar em relação, daí a possibilidade de desenvolver o pensamento racional. Em outro idioma, nenhum conceito para "razão" seria tão rico e complexo. Ou a capacidade de formação de conceitos, como em "aristocracia", o poder dos melhores, a força bruta (*cratos*) e a nobreza (*aristos*) do guerreiro ariano. Quanto à sintaxe, o exemplo do tempo verbal aoristo (forma aspectual e temporal do verbo grego antigo, que expressava a ação pura, sem determinação quanto à duração do processo ou ação ou ao seu acabamento) seria impossível em idiomas "menos nobres"!

Toda essa explicação filológica não prosperaria sem sua contrapartida histórica e até arqueológica, e os gregos foram centrais na construção de uma narrativa historiográfica abusiva que descobriu, ou melhor, inventou os arianos. Segundo ela, os antigos gregos não só possuiriam o idioma perfeito, como teriam produzido as provas, por meio da sua literatura e das suas artes, de atuação heroica, branca, dominadora e conquistadora. Para que essa interpretação fosse considerada possível, dois procedimentos foram necessários: a seletividade das citações ou referências a autores e obras antigas; e o anacronismo. No primeiro caso, tratava-se de recorrer apenas às passagens que pudessem parecer condizer com a visão ariana que se tinha. Em seguida, o anacronismo atribuiu aos antigos os sentimentos e noções que convinham a esses estudiosos modernos racistas.

Assim, os gregos foram retratados como guerreiros indo-europeus originários do Norte e que teriam subjugado os nativos inferiores. Os esparciatas em conquista do Peloponeso e dos seus habitantes hilotas, transformados em servos, seriam o modelo de toda a conquista ariana grega. As muitas fontes gregas antigas que reforçavam outra narrativa, como a da autoctonia dos atenienses, eram deixadas de lado. As indicações em Heródoto e outros autores de que os deuses gregos e muito do conhecimento matemático, geográfico ou astronômico da Grécia antiga derivavam do Egito ou de outros lugares no Oriente também eram desconsideradas, tudo em benefício das teorias arianas. A estatuária não podia ser pintada, devia ser branca, daí que não se enxergassem as evidências em contrário. Inúmeras imagens em vasos gregos mostravam que a tez, os cabelos e os olhos dos antigos helenos não correspondiam ao modelo ariano, mas isso não era levado em conta: não viam o que não queriam ver. Platão (428-348 a.C.) ou Aristóteles testemunhariam o milagre grego, e ariano, da descoberta da razão e da superação do mito – para isso, era necessário ignorar as inúmeras referências mitológicas nesses e em outros autores. Mesmo o materialismo de Demócrito (460-370 a.C.) ou de Lucrécio (99-55 a.C.) não deixava de mencionar a existência divina, apenas considerava o destino do mundo e dos homens insignificante para os deuses.

Nem todos os gregos antigos consideravam a conquista pela força bruta e a morte do inimigo a maneira mais adequada de agir, à diferença da mistificação do guerreiro dominador ariano. Em *Helena* (412 a.C.), de Eurípides (480-406 a.C.), tanto a personagem principal (Helena) como o coro entoam a seguinte condenação explícita e com sanção divina à violência:

> (903/4)
> Helena
> Pois Deus odeia a violência e a todos clama para que não se apropriem de suas posses pelo roubo.
>
> (Tradução nossa)
>
> Coro
> (1151) Insensatos de vós quantos na guerra buscais a glória, julgando em vossa ignorância que, pelo ardor vigoroso das lanças, podeis dar fim às fadigas dos mortais. Nunca a discórdia (1155) deixará as cidades, se for o combate sangrento a decidir as contendas, elas que em terras de Príamo instalaram leitos de morte, quando pela palavra se teria dirimido a discórdia que acendeste, ó Helena. (1160) Sob a terra, jazem agora à guarda de Hades, e as chamas, qual raio de Zeus flamejante, devastaram as muralhas, enquanto pesam sobre ti mais e mais desgraças, numa triste espiral de infortúnios.
>
> (EURÍPIDES. *Helena*. Trad. do grego de Alessandra Cristina Jonas Neves Oliveira. São Paulo: Annablume, 2015 (com alterações). 1151/1164.)

Na mitologia grega, Têmis, a deusa da justiça divina, tinha como filhas as *Horae* (deusas ordenadoras do mundo): *Diké* (Justiça), *Eirene* (Paz) e *Eunomia* (Boa Ordem). Porém, nada disso convinha ao racismo, que tanto ignorava essas evidências, quanto transpunha, de forma de todo anacrônica, para a Antiguidade a noção de raça indo-europeia guerreira, impiedosa, dominadora e assassina dos inferiores.

Nem sempre os gregos seguiram os preceitos de respeito ao outro, à justiça ou à convivência, mas esse é o caso de toda e qualquer sociedade humana. Sua caricatura ariana serviu, pelo abuso, a interesses nacionalistas e imperialistas modernos e não pode ser confundida com a muito mais complexa, contraditória e sutil relação que os gregos de fato estabeleciam entre si e com os outros povos.

A consequência mais extrema dessas distorções foi o racismo exterminador dos supostos inferiores no século XX, quando os nazistas abusaram da caracterização dos alemães como espartanos para justificar a perseguição, a escravização e o assassinato de "raças" taxadas de inferiores, como os judeus, os eslavos, os ciganos, mas também de grupos assimilados à "raça" dos degenerados, como os comunistas, os homossexuais. Católicos ou protestantes renitentes foram taxados de fracos por seu pacifismo.

Nos Estados Unidos, após a emancipação dos escravos, linchamentos de negros por parte de grupos privados e, às vezes, por autoridades (como continua até hoje!) eram comuns. Esse comportamento também derivava de abusos da História da Antiguidade, de um racismo cientificista baseado em falsificações grosseiras do mundo antigo. A aceitação de iniquidades contra as populações negras (mesmo no Brasil), muitas vezes tomadas como naturais e com base científica, deriva de uma visão *fake* da História em que o mundo teria sido sempre dominado por pessoas de "raça branca", superiores, frente à indolência e à fraqueza dos povos de outras "raças", destinados a ser submetidos ou eliminados.

O ensino de História pode contribuir para mostrar como o racismo moderno, para parecer científico, teve que falsificar o passado, com destaque, quem diria, para a Antiguidade!

MULHERES DE ATENAS

O genial Chico Buarque (n. 1944) compôs com Augusto Boal (1931-2009) a canção "Mulheres de Atenas" para a peça feminista *Lisa, a mulher libertadora* (1976), inspirada na comédia *Lisístrata* (411 a.C.), de Aristófanes (447-386 a.C.). A personagem apresenta o nome sugestivo de "aquela que dissolve o exército ou a tropa". Na peça, as mulheres de Atenas exigem a paz entre os gregos e, para isso, recusam-se ao sexo com seus maridos, ameaçando-os com a falta de herdeiros. A peça original apresenta, para efeitos cômicos, uma inversão, com as mulheres em papel público ativo e em favor da paz. A peça feminista de Boal nunca foi montada, pois foi vetada pela censura, em plena Ditadura Militar, mas a música foi divulgada em 1976. Isso levou a certa confusão, pois a ironia da letra nem sempre foi entendida e chegou a ser criticada, porque sua descrição das mulheres como submetidas a serem imitadas ("mirem-se no exemplo daquelas mulheres de Atenas") podia contribuir para reforçar a percepção de que as mulheres modernas deveriam ser passivas e subjugadas, como mostrariam os invejáveis gregos antigos.

> **MULHERES DE ATENAS**
>
> Mirem-se no exemplo daquelas mulheres de Atenas
> Vivem pros seus maridos, orgulho e raça de Atenas
> Quando amadas, se perfumam
> Se banham com leite, se arrumam
> Suas melenas
> Quando fustigadas não choram
> Se ajoelham, pedem, imploram
> Mais duras penas
> Cadenas
> Mirem-se no exemplo daquelas mulheres de Atenas
> Sofrem pros seus maridos, poder e força de Atenas
> [...]
>
> (Chico Buarque e Augusto Boal, 1976)

Essa caracterização das gregas antigas corresponde à realidade? O estudo dos documentos antigos permite observar que elas não eram "recatadas e do lar", insignificantes, submissas e destinadas à reclusão. Várias figuras femininas de destaque na época, assim como a literatura antiga e a Arqueologia, mostram uma situação em tudo diferente.

A poeta Safo (630-570 a.C.), da Ilha de Lesbos, por exemplo, foi elogiada por um texto atribuído a Platão como "a décima musa".

> Alguns dizem que as Musas são nove; que desatentos!
> Que nada, Safo de Lesbos é a décima!
>
> (*Antologia Palatina*, 9, 506. In: *The Greek Anthology, Volume III: Book 9: The Declamatory Epigrams*. Translated by W. R. Paton. Loeb Classical Library 84. Cambridge, MA: Harvard University Press, 1917. Tradução nossa.)

No *Fedro* (235, b-d), Platão menciona a poeta como *kalé* ("bela, inspiradora") e atribui a Safo parte da sua compreensão filosófica do mundo. Inspirado em um poema de Safo sobre Helena (fragmento 16), o filósofo defende o esquecimento do irrelevante do dia a dia em favor da rememoração das coisas mais sublimes, vindas do mundo etéreo das ideias.

> É um batalhão de infantes – ou de cavaleiros – dizem outros que é uma frota de negras naus a mais linda coisa sobre a terra – para mim é quem tu amas.
> E como é fácil fazer clara essa verdade para o mundo, pois aquela que triunfou sobre o humano em beleza, Helena, seu marido, o mais nobre dos homens, abandonado, para Troia navegou. Para a filha, para os pais queridos, nem um só pensamento voltando.
> [...] agora esta lembrança de Anactória daqui tão distante aquele modo de andar que acorda os desejos e cambiantes brilhos, mais eu queria ver, no seu rosto que soldados com panóplias e carros lídios.
> (PLATÃO. *Fedro* 235, b-d. In: FONTES, J. B. "Imagens de Safo". *Caderno Pagu*, 2, pp. 113-39, 1994. Tradução de Joaquim Brazil Fontes.)

No mito reportado por Homero, a *Ilíada*, Helena, cujo próprio nome representa a mulher grega, era a mais bela. Filha de uma mortal, Leda, e do deus Zeus, Helena casou-se com o rei de Esparta, Menelau, mas fugiu com seu amor Páris para Troia. Para responder a essa afronta, os gregos atacaram Troia e venceram a guerra. No poema de Safo, Helena é louvada ao preferir a parentes, riquezas e armas o ser que ela ama. Safo compara-se a ela ao lembrar-se da amada ausente Anactória, cuja lembrança é tão vívida como um brilho. Platão inspirou-se nessa passagem para formular sua teoria sobre o mundo sensível, aqui e agora, e o mundo das ideias (onde está Anactória). Assim, a grande Filosofia de Platão, do mundo das ideias, estaria ligada a Safo, o que, claro, justificaria que a retratasse como a décima Musa! Nesse sentido, Platão não era misógino, contra as mulheres, ao contrário!

A Arqueologia também apresenta evidências claras da valorização social das mulheres. A iconografia dos vasos gregos (século VI-IV a.C.) as retrata como deusas poderosas, como senhoras da elite bem postadas, mas também como mulheres comuns em atividades cotidianas (mas não como as "reclusas mulheres de Atenas"!). Imagens as mostram participando nos banquetes como parceiras, heteras, e não como prostitutas ou cortesãs, como se acreditava antes de forma anacrônica.

Mas, se é isso, de onde vem a caricatura das mulheres gregas submissas? Se não vem da própria Antiguidade, ou, ao menos, se essa não era a única representação feminina, como e por que isso está presente no imaginário até hoje? Para responder a essas questões, convém voltar à história.

Vaso grego (*hídria*), com figuras retratando o convívio de mulheres nas fontes de água (c. 490 a.C.). (Museo Nacional Arqueológico de España – CC-BY-SA 4.0 – Jerónimo Roure Pérez).

Ilustração em uma taça para vinho (490/480 a.C.), em que são retratados um rapaz e uma companheira (*Hetaira*) em um banquete (Simpósio). (CC-BY-SA 4.0 – Caeciliusinhorto).

No mundo romano, temos muitas evidências do empoderamento das mulheres, na forma de grafites, pinturas, cartas, nas quais aparecem poderosas, donas de empresas, letradas e cultas. Antes disso, a Bíblia atesta que as matriarcas hebraicas já se sobressaíam e que havia mulheres que desempenhavam papéis importantes, como Ester, responsável pela salvação do povo judeu na Pérsia. No início do cristianismo, as mulheres eram discípulas e foram responsáveis, em grande parte, pela difusão da chamada "Boa-Nova", como atesta São Paulo (Gálatas 3, 28), para quem as mulheres eram iguais aos homens, como, aliás, já aparecia no início do livro do Gênesis.

> Não há judeu nem grego, escravo nem livre; homem ou mulher, porque todos vós sois um.
> (Gálatas 3, 28; tradução nossa)
>
> Assim criou Deus o homem em sua imagem, na imagem de Deus o criou, criou-os homem e mulher.
> (Gênesis 1, 27; tradução nossa)

Na Idade Média, mesmo estando fora da estrutura hierárquica de comando, elas podiam brilhar como intelectuais ou rainhas, mas também figurar como santas, resistentes ao poder, líderes rebeldes e bruxas. O Renascimento viria a testemunhar o florescimento de mulheres dedicadas à valorização feminina: intelectuais e autoras de obras em defesa da melhoria da condição feminina multiplicaram-se. A chamada "Querela das Mulheres" opôs aquelas e aqueles que defendiam a igualdade entre homens e mulheres aos que à equidade se opunham. Cristina de Pizan (1364-1430) publicou o seu *A cidade das mulheres* (1405), no que foi seguida por muitas outras. As mulheres também foram essenciais para o êxito do Iluminismo, no século XVIII, em particular em lugares como a França e a Inglaterra, ao promoverem salões de debates de ideias, que misturavam mulheres e homens em reuniões para tratar dos temas mais variados. Nessa época, as mulheres tinham voz e publicavam, não só as abastadas, mas mesmo as outras, como mostram inúmeros estudos históricos. Se foi assim, por que tais informações não são de conhecimento generalizado? Quando surgiu a lenda da "bela, recatada e do lar"?

As mulheres, como consequência da criação do racismo, ou seja, da classificação das pessoas em tipos, foram estigmatizadas como "inferiores" por supostos motivos naturais ou biológicos, assim como ocorreu com os negros e os asiáticos. Quando certos comportamentos passaram a ser categorizados como "doentios", resultados de características físicas naturais ou inatas, o feminino também foi delimitado. O corpo feminino entrava como condicionante do papel reprodutivo da mulher, de seu domínio pelo útero, por imposição física, assim, histérica (esse o sentido original da palavra), dentre outros disparates. O conceito de "desvio de comportamento" passou a relacionar-se a parâmetros corpóreos, e muitas mulheres do passado – como Safo e Cristina de Pizan – passaram a ser consideradas "desviantes", por não se enquadrarem no novo pressuposto cientificista da submissão feminina como padrão para as mulheres. Nesse contexto de compreensão, não fazia sentido o papel ativo das mulheres no passado, a não ser como sinal de transgressão, desvio e aberração. Safo foi interpretada como "dominada pela paixão histérica", mas também criticada por ter um "comportamento masculinizado". As mulheres de Atenas que saíam às ruas e que eram companheiras dos homens nos banquetes foram como que esquecidas. Aspásia, a companheira de Péricles (479-423 a.C.), de intelectual passou a ser uma simples... piranha! Enfim, as passivas e submissas mulheres de Atenas fazem parte, também, do anacronismo e das *fake news*!

PARA QUE SERVE A HISTÓRIA

O passado não foi como o presente nem o futuro tem que ser como o presente. Muitas das noções do chamado senso comum não derivam de uma suposta natureza das coisas, são produtos culturais recentes, frutos de uma leitura abusiva do passado, a serviço da sujeição de determinados grupos sociais. A questão é que, ao final, todos são afetados. O dominador é sempre dominado pelo desejo de dominação, de tal modo que se torna ele próprio vítima da sua falta de empatia, da incapacidade de se colocar no lugar do outro. O racista priva-se a si mesmo do aprendizado com o outro, assim como o machista não aceita suas fragilidades, de modo que são tanto torturadores como torturados, vencedores como vencidos, opressores e oprimidos.

O ensino de História pode servir para mostrar um passado às vezes pouco conhecido, mas bem presente nas fontes escritas ou materiais, de forma a questionar diversas "verdades" de invenção recente, simples *fake news*. Por meio da busca de um passado mais complexo, diferente e variado, descobrimos que é possível lutar por um futuro melhor.

Bibliografia

BERNAL, M. *Atenea negra*: las raíces afroasiáticas de la civilización clásica. La invención de la antigua Grecia, 1785-1985. Barcelona: Crítica, 1993. [1987]

FINLEY, M. *Uso e abuso da História*. São Paulo: Martins Fontes, 1989. [1975]

HARTOG, F. *Regimes de historicidade*: presentismo e experiências do tempo. São Paulo: Autêntica, 2013. [2003]

JENKINS, K. *A História repensada*. São Paulo: Contexto, 2001.

RAGO, M.; FUNARI, P. P. *Subjetividades antigas e modernas*. São Paulo: Annablume, 2008.

Bruno Leal

é professor
do Departamento
de História
e do Programa
de Pós-Graduação
em História
da Universidade
de Brasília (UnB).
Doutor em
História Social
pela Universidade
Federal do
Rio de Janeiro (UFRJ).
Editor do portal
de divulgação histórica
Café História.
Pela Contexto,
é coautor do livro
*Possibilidades de pesquisa
em História*.

Fake news:
do passado
ao presente

Em abril de 2020, redes sociais e aplicativos de mensagens instantâneas foram inundados com uma dramática notícia que assegurava que máscaras importadas da China e distribuídas no Brasil estariam contaminadas com o novo coronavírus. Em algumas variações dessa mensagem de "alerta", a distribuição do equipamento contaminado seria parte de um plano para instalar o comunismo no país. Instituições científicas como a Fiocruz, além de jornais e portais de *fact-checking* (que fazem verificação de fatos) tiveram que vir a público esclarecer que tudo não passava de uma *fake news*.

Propagadas mais rapidamente que qualquer vírus já conhecido, as *fake news*, ou notícias falsas, em bom português, se tornaram um dos mais importantes fenômenos políticos e sociais de nosso tempo, desafiando democracias e o conhecimento científico. Elas têm sido muito comuns no campo da saúde, mas estão presentes em todos os meios. Na política, costumam florescer em anos eleitorais. Nas eleições brasileiras de 2018, por exemplo, grupos de extrema direita – e suspeita-se também de candidatos e partidos políticos – estiveram por trás de campanhas ilegais de disparo de *fake news*.

Uma pesquisa internacional realizada e divulgada em 2019 pelo Centro para a Inovação em Governança Internacional (Cigi), sediado no Canadá, revelou que 86% das pessoas admitiram ter acreditado em pelo menos uma notícia falsa. Foram ouvidas na pesquisa pessoas de 25 países e em 82% dos casos essas *fake news*, segundo os respondentes, estavam em redes sociais como Facebook e Twitter.

A MENTIRA TEM UMA LONGA HISTÓRIA

A mentira pode ter perna curta, mas percorreu um longo percurso histórico. Desde tempos antigos, ela vem sendo usada para derrubar reis, enganar generais, envenenar relacionamentos, vender produtos ou ideias e difamar toda sorte de gente.

No plano religioso, a mentira cumpre um papel que é antes de tudo o da moral. Na narrativa bíblica, há muitas passagens condenando a falsidade. Uma das mais conhecidas é a de Êxodo 20:16, que reproduz o 8º mandamento:

"Não darás falso testemunho contra o teu próximo". Em Provérbios 12:22, a mão de Deus pesa contra os que mentem: "O Senhor odeia os lábios mentirosos, mas se deleita com os que falam a verdade". Em Apocalipse 22:15, os mentirosos estão entre os que não encontrarão uma morada na casa do Senhor: "Fora ficam os cães, os que praticam feitiçaria, os que cometem imoralidades sexuais, os assassinos, os idólatras e todos os que amam e praticam a mentira".

No meio jurídico, há diversos casos em que a mentira é passível de algum tipo de punição. No Código de Processo Civil brasileiro, o artigo 77 estabelece os deveres das várias partes que participam do processo. O primeiro deles é: "expor os fatos em juízo conforme a verdade". No nosso Código Penal, encontramos o eco de um dos dez mandamentos: o crime de falso testemunho (perjúrio). Em outro campo, o da Psicologia, a mentira é a raiz de vários distúrbios de personalidade, um deles é a chamada "mitomania", quando a pessoa mente de forma compulsiva sem demonstrar constrangimento ou arrependimento.

Em *Renaissance Impostors and Proofs of Identity* (Impostores da Renascença e provas de identidade), a historiadora Miriam Eliav-Feldon explica que é possível considerar a Europa Moderna a "Era dos Impostores", já que "homens e mulheres de todas as esferas da vida estavam inventando, fabricando e se disfarçando, mentindo sobre quem eram ou fingindo ser alguém que não eram".[1] E isso, diz a historiadora, incomodava as autoridades, tanto as religiosas quanto as seculares, que trabalhavam freneticamente a fim de desenvolver novos meios para aferir a identidade de uma pessoa.

Há diferentes tipos de narrativas do falso: as mentiras propriamente ditas, as meias mentiras, os boatos, os plágios, os exageros, as imposturas, os golpes, as fraudes, os livros apócrifos, a falsidade ideológica, o perjúrio, as campanhas difamatórias e, claro, as notícias falsas. Para onde se olha no passado, lá estão elas. E elas existem mesmo quando esse passado é anterior à imprensa e ao jornalismo, pois, embora o termo *notícia* esteja muito atrelado, na modernidade, aos meios de comunicação de massa, a ideia de notícia é muito mais antiga. Podemos definir *notícia* como todo relato pretensamente objetivo e informativo sobre algo no presente e que é socialmente distribuído como verdade por um determinado enunciador. Dessa forma, uma *fake news* pode ser encontrada, tal qual uma notícia verdadeira, não só na imprensa, mas também em diversos outros meios e formatos: na tradição oral, nos discursos políticos, em pregações religiosas, em cartazes e livros.

AS *FAKE NEWS* NA HISTÓRIA

Em *A Short Guide to the History of "Fake News" and Disinformation* (Um pequeno guia para a história das "notícias falsas" e da desinformação), produzido para o International Center for Journalists (ICFJ), uma entidade norte-americana voltada para a promoção e o estudo do jornalismo, Julie Posetti e Alice Mathews mostram como as notícias falsas circulam desde a Antiguidade. As autoras lembram, por exemplo, que o imperador romano Otaviano procurou manchar a honra de Marco Antônio, membro da República Romana, com informações falsas sobre sua relação com Cleópatra:

> Otaviano empreendeu uma campanha de propaganda contra Marco Antônio com o objetivo de arruinar sua reputação. Essa campanha foi composta de frases curtas gravadas em moedas, quase como antigos *tweets*. Essas frases pintavam Marco Antônio como mulherengo e bêbado, sugerindo que ele era um mero fantoche de Cleópatra. Mais tarde, Otaviano tornou-se Augusto, o primeiro imperador romano, e suas "notícias falsas" permitiram que ele hackeasse o sistema republicano de uma vez por todas.[2]

O livro *Anékdota* (História secreta), atribuído ao historiador bizantino do século VI Procópio de Cesareia, é uma peça difamatória do reinado do imperador Justiniano (483-565), repleta de histórias de veracidade duvidosa. Diferentemente de outros livros "oficiais" de Procópio, esse não foi publicado quando o escritor vivia, permanecendo perdido até a primeira metade do século XVIII, quando foi localizado na biblioteca do Vaticano. O pesquisador Victor Villon sublinha que a crítica da obra é dirigida, sobretudo, a quatro pessoas: o imperador Justiniano e a imperatriz Teodora, o general Belizário e sua esposa Antonina. Procópio sugere que os dois casais levavam uma vida dissoluta, com vícios de toda espécie. "Justiniano e Teodora seriam na realidade demônios que teriam ascendido ao trono imperial exclusivamente para disseminar o mal."[3]

Nas semanas que antecederam a escolha do novo papa no conclave de 1522, o poeta e dramaturgo Pietro Aretino (1492-1556) pregou diversos versos satíricos nas chamadas "estátuas falantes" que enfeitam o centro de Roma, sendo a mais famosa delas a *Il Pasquino*, localizada na atual Piazza di Pasquino, não muito distante da Piazza Navona, onde várias outras estátuas também receberam o adereço. Os sonetos de Aretino se baseavam em notícias desabonadoras, a maioria falsas, para atacar os cardeais mais cotados para o cargo de pontífice. Apenas um cardeal não recebera ataques do poeta: Giulio de Medici, que, segundo historiadores, foi provavelmente o patrocinador dos "panfletos difamatórios" de Aretino. Esses versos agitaram o conclave daquele ano e inauguraram um novo tipo de gênero, o "pasquim", como passaram a ser chamados os impressos que almejavam arruinar a reputação de figuras públicas na Europa.

O historiador Robert Darnton destaca a relevância dos *canards* no aumento das *fake news* na Europa. Os *canards* surgiram no século XVII como uma espécie de gazeta extremamente popular, repletos de boatos e notícias falsas. Em alguns aspectos, lembram os tabloides britânicos de hoje: eram baratos, curtos, objetivos e ricamente ilustrados. Noticiavam como reais assombrações, aparições de monstros, possessões demoníacas, intrigas palacianas, crimes assustadores e todo tipo de pauta que atualmente consideraríamos fantasias sensacionalistas.[4]

No século XIX, com a chegada da industrialização ao setor gráfico, os jornais floresceram. Agora, novas máquinas eram capazes de imprimir mais páginas em menos tempo. A qualidade gráfica melhorou e as ilustrações passaram a fazer parte da nova imprensa diária. Os custos de edição diminuíram, tornando o jornal acessível a amplos setores da sociedade. Um editorial do londrino *Times*, em 29 de novembro de 1814, celebrou o primeiro jornal impresso por uma prensa a vapor: "hoje, o nosso jornal apresenta para o público o resultado prático do maior aperfeiçoamento ligado à impressão desde a descoberta da própria arte".

O maior consumo de notícias via imprensa deveu-se também ao crescimento nos índices de alfabetização. De acordo com Amy J. Lloyd,[5] em 1800, cerca de 40% dos homens e 60% das mulheres na Inglaterra e no País de Gales eram analfabetos. Em 1840, o número diminuíra para 33% de homens e 50% das mulheres e, em 1870, essas taxas caíram ainda mais: 20% dos homens e 25% das mulheres. Na virada do século, os analfabetos não passavam de 3%. Havia então todo tipo de jornal circulando: sindicais, políticos, filosóficos, femininos, policiais, religiosos e científicos.

O surgimento de uma imprensa diária, vigorosa e voltada para as massas tornou o terreno ainda mais propício para uma enxurrada de notícias falsas. Diante da grande concorrência no mercado e uma vez que os parâmetros éticos mais básicos do jornalismo ainda não haviam sido estabelecidos, muitos editores se sentiam à vontade para usar uma linguagem apelativa ou recorrer à imaginação. Tudo era válido na disputa por leitores e anunciantes. Nos Estados Unidos da década de 1830, a imprensa popular foi chamada de *penny press*. Os jornais dessa fase eram baratos, impressos em massa e adotavam um tom sensacionalista.

Um dos episódios mais impressionantes das invencionices presentes nos jornais de então é relembrado por István Kornél Vida.[6] Segundo Vida, Richard Adams Locke, um descendente do filósofo John Locke, assumiu o *The New York Sun* no verão de 1835 com a missão de torná-lo mais competitivo frente ao seu principal rival – o também barato e sensacionalista *New York Herald*, propriedade do milionário James Gordon Bennett. Para isso, ele recorreu a uma história capaz de impressionar os seus leitores: uma narrativa fascinante (e falsa) sobre observações lunares supostamente feitas pelo astrônomo John Herschel (1792-1871) e relatadas por um sócio inventado chamado Andrew Frant. A narrativa, escrita na verdade pelo filho de Locke, foi dividida em seis textos publicados no jornal em dias diferentes. O primeiro saiu em 21 de agosto de 1835, dia em que o editorial anunciava "Descobertas Celestiais", afirmando que as informações que estavam por vir mudariam para sempre a história da Astronomia. As "reportagens" falavam sobre a superfície lunar em detalhes, chegando a descrever rios, cristais, vegetação e crateras. A "descoberta" mais estarrecedora publicada pelo *The New York Sun* foi a da existência de vida inteligente na Lua, com seres lunares de aspectos diversos, alguns parecidos com unicórnios. A mentira toda demoraria algumas semanas para ser descoberta e denunciada.

Entre os anos de 1890 e 1900, nos Estados Unidos, passou-se a empregar o termo *yellow journalism* (ou *yellow press*, imprensa amarela) para se referir aos jornais com predisposição ao sensacionalismo. No Brasil, esse tipo de jornalismo é chamado pejorativamente de "imprensa marrom". De acordo com o pesquisador Danilo Angrimani, dois "homens de imprensa" tiveram um papel relevante para a consolidação desse tipo de abordagem: Joseph Pulitzer e William Randolph, editores, respectivamente, do *New York World* e do *Morning Journal*, que monopolizavam o mercado de notícias de Nova York na época. Angrimani elenca as principais características da imprensa amarela do *fin de siècle* norte-americano: manchetes escandalosas; uso abusivo de ilustrações (algumas inadequadas ou inventadas); quadrinhos coloridos; campanhas contra os abusos sofridos por "pessoas comuns"; notícias sem importância, com distorções e falsidade sobre os fatos; impostura e fraudes de vários tipos, além de entrevistas e narrativas com títulos enganosos.

A esta altura, deve parecer ao leitor que, desde o século XVIII, as *fake news* estiveram intimamente ligadas ao desenvolvimento da imprensa e à sua modernização, particularmente à imprensa diária que se estabeleceu nos Oitocentos. Porém, as notícias falsas jamais se limitaram à imprensa. As pessoas certamente se informavam sobre os acontecimentos do presente por meio dos jornais, mas não exclusivamente por eles. Em muitas comunidades, a tradição oral, os panfletos, discursos e livros continuavam sendo uma importante fonte de informação. E, em todos esses espaços, notícias falsas poderiam ser encontradas.

Recorte de uma imagem maior, publicada em 7 de março de 1894, por Keppler & Schwarzmann, intitulada "O proprietário do jornal *Fin de Siècle*", de Frederick Burr Opper. Nela, vemos alguns personagens, entre repórteres e leitores, correndo de um lado para outro e segurando placas. Uma dessas placas diz "Fake News". O conceito já era conhecido no final do século XIX no contexto da imprensa. (Library of Congress)

No início do século XX, um livro apócrifo chamado *Os protocolos dos sábios de Sião* teve o poder de combinar de forma extremamente danosa *fake news* e teoria da conspiração. Não se sabe ao certo quando ou onde esse livro surgiu, nem quem realmente o escreveu, embora haja fortes indícios de que a história tenha sido uma invenção da polícia czarista (russa) entre o final do século XIX e início do século XX. Contudo, sabemos muito bem o motivo de sua criação: maldizer os judeus e justificar o antissemitismo.

Dividido em 24 capítulos, o livro apresenta-se como a cópia fiel das atas de reuniões secretas que teriam ocorrido com a presença de lideranças judaicas ("os sábios de Sião") com o intuito de discutir "a dominação do mundo" que se daria por meio da influência judaica (ou "infiltração judaica") em agências governamentais de diversos países, escolas, universidades, instituições bancárias, meios de comunicação e onde mais houvesse judeus. Tudo mentira. Contudo, os antissemitas do entreguerras cultuaram o livro. A obra foi muito disseminada por eles de modo a sabotar o avançado processo de assimilação e cidadania que, desde meados do século XIX, vinha contribuindo para melhor integrar os judeus às diversas comunidades nacionais da Europa.

Os judeus são vítimas de campanhas difamatórias há longos séculos. Na Idade Média, acusações falsas de que judeus estavam espalhando a peste negra propositadamente e envenenando poços artesanais motivaram ondas de *pogroms* (linchamentos contra judeus) que tiraram a vida de muitas pessoas. Em 1894, o capitão do exército francês Alfred Dreyfus, um judeu de origem alsaciana, foi falsamente acusado de trair a França entregando documentos secretos aos alemães. O material "incriminatório" havia sido forjado pelo estado-maior do exército e reproduzido livremente em diversos veículos de imprensa como se fosse verdade. Dreyfus chegou a passar vários anos na prisão até que a verdade fosse restabelecida. O caso é até hoje estudado por comunicadores e historiadores.

A publicação dos *Protocolos*, contudo, é um divisor de águas na história do antissemitismo; não só porque o livro marca muito bem a passagem de um antissemitismo de base religiosa para um antissemitismo de base étnico-racial, mas também porque globaliza o antissemitismo. As traduções em dezenas de línguas na primeira metade do século XX ajudam a explicar a força do livro falso. No Brasil, a tradução mais conhecida é a de Gustavo Barroso, uma das principais lideranças do Movimento Integralista. O conteúdo falso da obra difundiu-se não só como livro, mas também através de fascículos e jornais. Em 1921, o jornalista Herman Bernstein publicou no popular *New York Herald* uma reportagem demonstrando a fraude dos *Protocolos*, mas àquela altura a mentira havia se tornado robusta, sendo propagada por certos grupos até os dias de hoje.

A Primeira Guerra Mundial está cercada de episódios nos quais a verdade foi a vítima. É o caso dos crimes cometidos por tropas alemãs durante a travessia pelo território da Bélgica em 1914. A historiografia demonstrou que as forças germânicas, de fato, violaram leis de guerra, cometendo diversos tipos de abusos contra civis belgas. Contudo, os setores de informação e contrainformação das forças aliadas exageraram muito nesses relatos com o objetivo de macular a Alemanha no meio internacional e, assim, desestimular possíveis novos apoiadores daquele país. Esse episódio tem sido visto por muitos especialistas em conflitos como o primeiro grande caso da chamada "guerra da propaganda".

> **O FALSO "PLANO COHEN" (1937)**
>
> Em setembro de 1937, o governo brasileiro divulgou um documento que revelava um suposto plano comunista para a tomada do poder no país. Ele ficou conhecido como "Plano Cohen" (repare o sobrenome judeu). Setores anticomunistas e diversos veículos de comunicação noticiaram o plano como verdadeiro. O próprio chefe do estado-maior do exército, general Góes Monteiro, foi pessoalmente ao programa de rádio *Hora do Brasil* para denunciar o suposto ardil comunista que tinha a intenção de derrubar Vargas e sequestrar ministros de Estado. Nas semanas seguintes, o governo decretou Estado de Guerra, perseguiu opositores e colocou em vigor uma nova constituição. Essa nova Carta Magna fortalecia o poder do presidente, eliminava partidos políticos, autorizava prisões, invasão de domicílios e instituía a pena de morte no país. Estava preparado o terreno para um golpe que instituiria a ditadura do Estado Novo (1937-1945). Como se soube anos mais tarde, o suposto plano comunista não passava de um embuste criado para manter Vargas no poder.

Uma das descobertas mais recentes no campo das *fake news* vem da Argentina. Em dezembro de 2020, o jornal *Página/12* teve acesso a uma documentação inédita encontrada na sede da Agência Federal de Inteligência (AFI) que mostra como a ditadura militar do país (1976-1983) utilizou "boatos como parte de seu sistema de repressão". O regime autoritário argentino tinha uma "usina de notícias falsas" na Secretaria de Inteligência de Estado (Side). Entre as estratégias previstas para difamar, fragilizar e dividir aqueles que eram considerados "inimigos" do regime militar estavam: disseminação de boatos, promoção de pornografia, difusão de piadas que ridicularizavam seus oponentes, falsificação de moedas e promoção de literatura tendenciosa.

As *fake news*, no entanto, não são produtos exclusivos de Estados em guerra, políticos inescrupulosos ou donos de jornais e jornalistas. Entre as décadas de 1920 e 1950, o mundo da saúde e o da publicidade se fundiram de uma forma bastante antiética. Grandes marcas de cigarro contrataram médicos para fazerem comerciais favoráveis a elas. Esses médicos, a despeito de pesquisas já indicarem o contrário, não só diziam que os cigarros não faziam mal à saúde e eram saborosos, como, em muitos casos, com a ajuda de pesquisas falsas, receitavam-nos às pessoas, dizendo que o hábito de fumar, bem como a nicotina, tinha o poder de curar ansiedades, nervosismos, histerias, inflamações na garanta e problemas digestivos. Assim, parte da classe médica no século passado valeu-se de sua autoridade no campo da saúde para difundir notícias e informações mentirosas, colocando em risco a saúde de milhões de consumidores em todo o mundo.

AS *FAKE NEWS* NO PRESENTE

Se as notícias falsas já existiam no passado, foi em nosso tempo presente que elas adquiriram maior notoriedade, poder e influência. Com a ascensão das redes sociais on-line, no início da década de 2010, as *fake news* se converteram em um problema incontornável para as maiores democracias do planeta. Notícias falsas, afinal de contas, são hábeis em desestabilizar instituições democráticas, tendem a gerar o efeito colateral da exigência de censura prévia e de cerceamento das liberdades, servem para justificar quebras de sigilo e deixam os atingidos desorientados na busca por justiça e reparação.

A amplificação das notícias falsas em nosso tempo pode ser explicada tendo em vista vários elementos. Eu gostaria de examinar três que considero fundamentais:

- o avanço das tecnologias da informação e da comunicação;
- o fenômeno da *pós-verdade*;
- o deslocamento da noção de autoridade do enunciador da notícia.

As mídias digitais do século XXI, notadamente as redes sociais e os aplicativos de mensagens, como o WhatsApp, ampliaram o poder do espalhamento de conteúdo inverídico e calunioso. Valendo-se de uma ampla penetração em todas as classes sociais, esses aplicativos e programas são frequente e maliciosamente programados para disparar mensagens em massa. Hoje, é possível ter a sensação de que há tantas notícias falsas quanto verdadeiras circulando na internet. E como o aparato tecnológico avança num ritmo muito maior do que o aparato jurídico, nossa capacidade para regular, coibir, punir ou apenas mitigar, no plano legal, as notícias falsas é muito limitada.

As notícias falsas fazem parte de uma complexa cadeia que vai desde a preparação dessas "notícias" até a escolha das melhores formas de distribuí-las. Elas podem ser compartilhadas tanto por pessoas conhecidas, isto é, que fazem parte do nosso círculo social mais próximo, quanto por *bots* (ou robôs), como são chamados os *softwares* que simulam contas reais no meio digital. Hoje, floresce em diversos países um negócio ilegal altamente lucrativo chamado "fazendas de cliques" (*click farms*, em inglês): são centenas ou milhares de telefones celulares conectados a um computador central, a fim de simular usuários de redes sociais com perfis que podem ser usados para muitos fins ilegais, como avaliar um aplicativo, criar volume de acessos a um site, falsear todo tipo de indicadores de impacto, clicar em anúncios, atacar contas de usuários e, claro, curtir, compartilhar e comentar notícias falsas com o objetivo de ampliar seu alcance.

Outro elemento que distingue as *fake news* do passado das *fake news* de hoje é que, atualmente, estamos vivenciando o que se convencionou chamar de "era da pós-verdade". *Pós-verdade* foi escolhida "a palavra do ano" pelo *Dicionário Oxford* em 2016, o termo é definido da seguinte maneira: "relacionar ou denotar circunstâncias em que fatos objetivos são menos influentes na formação da opinião pública do que apelar à emoção e à crença pessoal". No que pese o debate nada desprezível sobre a objetividade dos fatos e a verdade, a era da pós-verdade seria uma época em que pesquisas, estudos, estatísticas e discursos amparados na verificação, na checagem, na revisão e na ciência de dados e fatos têm um valor reduzido diante do apelo emocional dos discursos.

Um exemplo: durante as eleições presidenciais brasileiras de 2018, difundiu-se a notícia de que o candidato Fernando Haddad do Partido dos Trabalhadores, quando fora prefeito de São Paulo, teria adotado como política pública a distribuição de mamadeiras com bico de borracha em formato de pênis nas creches públicas da cidade.

Talvez, em outra época, fosse pertinente esperar que o absurdo da suposta notícia – que circulou em texto e em vídeo sensacionalista com discurso de indignação inflamado – soasse como um alerta para quem a leu ou assistiu a ela. Mas, à luz da pós-verdade, o apelo emocional – à indignação, à homofobia e aos tão intencionalmente cultivados medos do comunismo/esquerdismo e da destruição de valores morais ditos conservadores – falou mais alto. E se é difícil quantificar a parcela da população que acreditou de fato na falsa notícia intensamente compartilhada, vimos os discursos do "medo da erotização precoce das crianças" ou de proteção contra uma suposta "ideologia de gênero" – aos quais as *fake news* funcionam como "prova cabal" – ganharem ares oficiais e embasarem ações concretas do governo que acabaria sendo eleito.

O deslocamento da noção de autoridade na era digital é o terceiro elemento que explica a amplificação das notícias falsas em nosso tempo. No passado, era comum que as notícias falsas mais críveis estivessem associadas à autoridade que encarnava o enunciador do discurso. Quanto maior a credibilidade daquele que difundia a notícia falsa, maior seria a possibilidade de essa notícia falsa circular e vingar no meio social. Nos dias de hoje, a autoridade continua sendo uma referência, mas essa autoridade convive com a de outros tantos atores políticos, como familiares, amigos, conhecidos, conhecidos de conhecidos, pessoas com as quais trocamos informações e notícias todos os dias por meio de nossos *smartphones* e contas em redes sociais como Facebook e Twitter, e nas quais depositamos confiança. Há casos, no presente, de notícias falsas que reverberam mesmo quando a fonte é anônima, e isso é possível porque, dentro do atual quadro de deslocamentos da autoridade, o domínio da técnica (neste caso, saber utilizar a linguagem de cada mídia a favor de sua mensagem) e a amplitude da audiência (o número de compartilhamentos) angariam credibilidade.

REPENSANDO AS *FAKE NEWS* NO PRESENTE

O jornalista Eugênio Bucci advoga que as *fake news* não podem ser consideradas notícias: se uma notícia é falsa ela não é notícia. Ou seja, notícia só pode ser notícia quando trouxer conteúdos verdadeiros. Na sua visão, as notícias publicadas por redações profissionais, quando de má qualidade, podem ter informações imprecisas, incorretas e até ideias absurdas, podem ser mal-intencionadas ou irresponsáveis, mas não devem ser consideradas *fake news*.

> [...] notícias de jornal, ou, para usar o termo em inglês, as *news*, são verdadeiramente geradas por jornalistas que trabalham para um órgão de imprensa com todos os registros legais, com endereço certo e sabido e com editores passíveis de serem acionados caso faltem com a verdade. As notícias produzidas pelas redações profissionais podem ser mentirosas – e lamentavelmente isso acontece muito –, mas não são *fake*. [...] Nas *fake news*, a primeira fraude se refere à natureza daquele relato. Antes de dizer uma verdade ou uma mentira, as *fake news* falsificam sua condição: apresentam-se como enunciados produzidos por uma redação profissional, mas não são isso. As *fake news* simulam uma linguagem jornalística, às vezes adotam o jargão e os cacoetes de uma reportagem profissional em vídeo, áudio ou texto, mas são outra coisa. Elas se fazem passar por jornalismo sem ser jornalismo. São *news* falsificadas, mais ou menos como existem as notas de dólar falsificadas.[7]

Essa perspectiva está alinhada com a distinção que tem sido feita em língua inglesa entre *fake news* e *false news*. Enquanto a primeira seria uma mentira deliberada, com a intenção de desinformar, deformar, desonrar e desacreditar, a segunda seria uma notícia com problemas de apuração e erros factuais, não havendo aqui a intenção de ludibriar ou manipular. Seguindo a própria diferença lexical entre as duas palavras: *fake* é algo fraudulento, ao passo que *false* é sinônimo de incorreto.

Tão importante quanto o debate sobre a definição das *fake news* no tempo presente é o que busca compreender como elas funcionam. Quem pode nos ajudar nesse sentido é o historiador Brad Schwartz,[8] que analisa um episódio que hoje é referência na literatura sobre as *fake news*: a chamada "Guerra do Mundo de Welles".

Em 30 de outubro de 1938, o ator e cineasta Orson Welles, então com 25 anos, deu um susto em muitas pessoas que ouviam a rede de rádio CBS. Uma "notícia em edição extraordinária" informava que centenas de marcianos a bordo de naves espaciais estavam chegando à cidade de Grover's Mill, no estado norte-americano de Nova Jersey. A "notícia" era falsa. A transmissão era uma dramatização da ficção científica *A guerra dos mundos,* do escritor inglês H. G. Wells, a 17ª do programa semanal de Welles no Radioteatro Mercury. O caráter ficcional da transmissão, como de costume, fora informado no início do programa, mas alguns ouvintes pegaram o programa já começado. Além disso, o jovem Welles tinha se esforçado para dar ares de realidade à sua dramatização. Ele lançou mão de várias marcas do discurso jornalístico: registros sonoros de testemunhas, análise de peritos, repórteres *in loco*, falas de autoridades e até mesmo sons ambientes. A transmissão mencionava ataques com raios mortíferos, noticiava desmoronamentos, incêndios e inundações. Nos dias seguintes à transmissão, veículos de imprensa no mundo todo descreveram cenas de pânico em Nova Jersey, Nova York e Newark.

Brad Schwartz investigou o caso e sublinha que a imprensa, de maneira geral, exagerou ao narrar os efeitos da transmissão. De acordo com o historiador, apenas uma pequena fração dos ouvintes do programa teria acreditado se tratar de notícias reais, e um número ainda menor de pessoas teria se comportado de forma descontrolada. A persistente leitura exagerada do episódio, segundo ele explica, não só interpreta mal o poder persuasivo da mídia e a forma como as notícias falsas realmente funcionam, como nos impede de lidar assertivamente com o problema das *fake news* no presente. A pergunta-chave seria outra: por que a "Guerra do Mundo de Welles" assustou algumas pessoas, mas outras não? Schwartz explica que, em 1938, muitos estudiosos acreditavam que o rádio poderia simplesmente injetar ideias de forma direta na mente das pessoas, convencendo-as de qualquer coisa. Esse paradigma de comunicação é chamado de "agulha hipodérmica"; ele vê a fonte emissora como detentora de uma descomunal força controladora, ao passo que o público seria uma mera massa de manobra, incapaz de interpretar criticamente o que a mídia propaga. Para Schwartz, essa visão da "Guerra do Mundo de Welles" não sobrevive a um exame mais profundo. Ele cita, por exemplo, uma pesquisa que a Universidade de Princeton fez com ouvintes assustados que revelou que apenas cerca de um terço entendeu que os invasores eram realmente marcianos. Os demais teriam imaginado coisas mais plausíveis, baseados em medos preexistentes na época, como, por exemplo, uma *Blitzkrieg* nazista – o mundo, vale lembrar, estava às vésperas da Segunda Guerra. Segundo Schwartz, a mídia não consegue convencer o público de algo que vai contra suas atitudes ou ideias preexistentes, o que ela pode fazer – e o que ela faz, de fato – é reforçar aquilo em que as pessoas já acreditam.

COMBATENDO AS *FAKE NEWS*

Há muito que pode ser feito para combater as *fake news*. Na esfera jurídica, é preciso que a legislação encontre formas de acompanhar os imbróglios envolvendo as novas mídias, criando leis que possam regular de forma ética, transparente e democrática os grandes conglomerados de redes sociais. É difícil definir até que ponto o Estado deve interferir em empresas e que riscos autoritários corremos quando o Estado implementa medidas de controle midiático, mas a inexistência de regulamentação é igualmente danosa.

Em 2018, o Poder Judiciário brasileiro, além de outros poderes vinculados a ele, foi incapaz de controlar a avalanche de *fake news* produzida pela extrema direita – que acabou se consagrando no pleito eleitoral. Nas eleições municipais de 2020, contudo, órgãos como o Supremo Tribunal Federal e o Supremo Tribunal Eleitoral foram mais efetivos no combate às *fake news*, indiciando produtores de notícias falsas, desbaratando quadrilhas que agiam no disparo de mensagens em massa e investigando pessoas suspeitas de produzirem *fake news*.

Aproximadamente na mesma época, em termos internacionais, o Facebook foi obrigado a apresentar alguns planos de combate às *fake news*. Essas ações, contudo, caminham lentamente, parecem atrasadas e insuficientes para dar conta do problema que a própria rede social criou: algoritmos (linhas de programação que recomendam conteúdos e produtos com base no comportamento dos internautas) que permitem a circulação desse tipo de conteúdo e até mesmo o premiam, entregando-o a um público cada vez maior desde que tal conteúdo seja "impulsionado" (quando o autor paga à empresa para que seu conteúdo seja exibido para um público maior) ou conte com um bom número de "engajamentos" (como curtidas, comentários e compartilhamentos). Mais do que uma questão tecnológica, o debate sobre os algoritmos é uma questão política. Linhas de programação que aprendem com os nossos movimentos na rede e escolhem que conteúdos serão entregues para nós durante a navegação podem reproduzir preconceitos e desigualdades de seus usuários, favorecer supremacistas, extremistas e outros produtores de discursos de ódio – além de privilegiar conteúdos pagos, independentemente da qualidade, ou conteúdos de "alto engajamento", que pode ser real, mas também pode ser resultado do fortalecimento de nichos extremistas ou mesmo da ação de *bots*.

Outra forma de combater as *fake news* é por meio de investigações levadas a cabo por nossos representantes no Parlamento. No Brasil, uma das formas de fazer isso é através da criação de Comissão Parlamentar Mista de Inquérito do Congresso Nacional (CPMI).

Agências de *fact-checking*, isto é, agências especializadas em checar fatos e apontar quais notícias são verdadeiras e quais são falsas, também atuam no combate às *fake news*. As mais importantes são as vinculadas ao International Fact-Checking Network (IFCN), organização não governamental localizada nos Estados Unidos que tem se destacado no desenvolvimento de metodologias na área. A Agência Lupa, criada em 2015, é considerada a primeira agência de *fact-checking* do Brasil.

Também são importantes os estudos acadêmicos e iniciativas educacionais. Por exemplo, Helena Matute, professora de Psicologia Experimental e diretora do Laboratório de Psicologia Experimental da Universidade de Deusto, em Bilbao, na Espanha, e sua equipe estudam pseudociências, superstições, *fake news*, boatos e outras narrativas do gênero. A psicóloga acredita que é possível prevenir as pessoas quanto às *fake news*:

> Algo que funciona como uma vacina para a desinformação é ensinar às pessoas as técnicas daqueles que espalham essas coisas, como escolher ou apelar para emoções negativas. Por exemplo: um jogo on-line em que o usuário assume o papel de uma empresa que se dedica a divulgar a desinformação e a polarização. Acho essa estratégia muito boa, porque o usuário aprende as técnicas, e no dia que chegar alguma coisa para ele, isso vai lhe cheirar mal. No mínimo, ele será capaz de questionar e não compartilhá-la imediatamente. As pessoas precisam saber, por exemplo, que o WhatsApp é muito mais perigoso do que outras redes sociais, porque todas as informações vêm de fontes confiáveis, amigos e familiares. Uma das chaves que a maioria de nós usa para confiar é que vem de uma fonte que consideramos confiável. Se minha irmã manda para mim, como posso não confiar? Os grupos de WhatsApp são verdadeiros focos de boatos.[9]

Finalmente, a escola. Há dois aspectos que considero importante destacar quanto ao papel do docente do ensino básico no combate às *fake news*. Em primeiro lugar, a escola é o local, por excelência, da chamada "formação cidadã". Em contraposição à "educação bancária", que segundo Paulo Freire é aquela educação meramente baseada na ideia de transmissão do conhecimento (como uma "transação bancária"), a "educação cidadã" pensa o ensino a partir da lógica da construção social do cidadão futuro, homens e mulheres que são formados a partir de valores humanistas, solidários e democráticos. O reconhecimento da *verdade* é um ponto fundamental desse tipo de formação.

O ato de educar deve reconhecer o *direito à verdade*. Um professor de História, ao falar sobre ditadura militar em sala de aula, pode discutir o papel que tem a mentira (entre elas as *fake news*) nos regimes autoritários e totalitários. Por exemplo: durante muito tempo, a família do jornalista Vladimir Herzog, morto nas dependências do segundo Exército DOI-Codi, em 1975, tentou provar que Herzog morrera em decorrência de tortura, contradizendo a versão dada pelo regime. Em 2013, contudo, o Tribunal de Justiça de São Paulo (TJ-SP) determinou a produção de uma nova certidão de óbito de Herzog. E o documento foi feito. Dessa vez, a certidão indica como causa da morte "lesões e maus-tratos sofridos durante o interrogatório", muito diferente da anterior, da época da ditadura, que informava "enforcamento por asfixia mecânica", sugerindo suicídio. Por mais que a nova certidão de óbito não repare o crime da ditadura, ela foi capaz de levar alguma paz à família do jornalista, além do sentimento de justiça e do restabelecimento da verdade. Esse tipo de debate com os alunos pode ser uma ótima forma de gerar empatia pelo "outro", seja qual for.

Outra sugestão de como levar esse debate para as turmas é discutir com os estudantes o que poderia ser chamado de "História da mentira". Nesse sentido, as informações e conteúdos contidos aqui neste texto podem ajudar a dar historicidade à mentira, às suas múltiplas manifestações sociais ao longo do tempo. Essa abordagem pode ser enriquecida se o professor conseguir relacionar exemplos de *fake news* do passado com *fake news* do presente, mapeando semelhanças e diferenças.

Uma boa estratégia para se criar barreiras às *fake news* é o desenvolvimento de *workshops* e laboratórios de prática de ensino dentro das escolas. No caso do professor de História, que é o que nos interessa aqui, é possível adaptar o trabalho que a professora Helena Matute desenvolve, conforme visto alguns parágrafos atrás: os professores podem, por exemplo, solicitar que os alunos façam um exercício de produzir notícias falsas, boatos e outras narrativas fraudulentas relacionadas a cenários específicos do passado, articulando os saberes históricos aprendidos em aula às narrativas que irão criar. O debate produzido a partir dessa atividade pode ajudar a prepará-los para detectar e desvelar notícias falsas nas mais diversas situações cotidianas.

Notas

[1] Miriam Eliav-Feldon, *Renaissance Impostors and Proofs of Identity*, New York, Springer, 2012, p. 1.
[2] Julie Posetti e Alice Matthews, *A Short Guide to the History of "Fake News" and Disinformation*, Washington, International Center for Journalists, 2018, v. 7, p. 1.
[3] Victor Villon, "As *Anékdota* de Procópio de Cesareia: testemunhos da mundividência tardo-antiga", em André Bueno e Gustavo Durão, *Novos olhares para os antigos: interpretações da Antiguidade no mundo contemporâneo*, Rio de Janeiro, Edição Sobre Ontens, 2018, p. 32.

[4] Robert Darnton, "A verdadeira história das notícias falsas", em *El País Brasil*, 30 abr. 2017. Disponível em: <https://brasil.elpais.com/brasil/2017/04/28/cultura/1493389536_863123.html>. Acesso em: 8 dez. 2020.
[5] Amy Lloyd, "Education, Literacy and the Reading Public", em *British Library Newspapers*, Detroit, Gale, 2007.
[6] István Kornél Vida, "The 'Great Moon Hoax' of 1835", em *Hungarian Journal of English and American Studies (HJEAS)*, pp. 431-41, 2012.
[7] Eugênio Bucci, "*News* não são *fake* – e *fakenews* não são *news*", em Mariana Barbosa (org.), *Pós-verdade e fake news: reflexões sobre a guerra de narrativas*, Rio de Janeiro, Cobogó, 2019, p. 25.
[8] A. Brad Schwartz, *Broadcast Hysteria: Orson Welles's War of the Worlds and the Art of Fake News*, New York, Macmillan, 2015.
[9] Helena Matute, "As pessoas deveriam saber que a ciência não traz certezas, mas ela é a única coisa a se agarrar" (entrevista por José Luis Zafra), em *Café História*, 12 out. 2020. ISSN: 2674-5917. Disponível em: <https://www.cafehistoria.com.br/vacina-contra-desinformacao-entrevista-helena-matute/>. Acesso em: 14 dez. 2020. Texto publicado originalmente em espanhol no blog SiNC, com direitos cedidos por Creative Commons. Tradução nossa.

Para saber mais sobre *fake news*

ANGRIMANI, Danilo. *Espreme que sai sangue*: um estudo do sensacionalismo na imprensa. São Paulo: Summus, 1994.

BARBOSA, Mariana. *Pós-verdade e fake news*: reflexões sobre a guerra de narrativas. Rio de Janeiro: Cobogó, 2019.

D'ANCONA, Matthew. *Pós-verdade*: a nova guerra contra os fatos em tempos de *fake news*. Barueri: Faro, 2018.

EMPOLI, Giuliano da. *Os engenheiros do caos*. São Paulo: Vestígio, 2019.

SCHWARTZ, A. Brad. *Broadcast Hysteria*: Orson Welles's War of the Worlds and the Art of Fake News. Nova York: Macmillan, 2015.

Icles Rodrigues

é mestre em História pela Universidade Federal de Santa Catarina (UFSC). Criador do canal de divulgação histórica *Leitura ObrigaHISTÓRIA* no YouTube, apresenta os podcasts *História FM*, *Historiconomia* e *História noturna* e atua como produtor dos podcasts *Estação Brasil* e *Colunas de Hércules*. Roteirista e diretor do documentário *Legado negado: a escravidão no Brasil em um guia incorreto*.

Usos pedagógicos para YouTube e podcasts

Uma pandemia de alcance global surgiu em 2020 e subitamente o uso de tecnologias no ensino se tornou um dos assuntos centrais nos debates sobre educação. Uma série de desafios se apresenta para profissionais da educação e, aos poucos, cada um vem tentando lidar com a situação da forma que lhe é mais conveniente ou conforme seus recursos permitem. Muitos são os profissionais que vêm buscando em mídias digitais recursos já disponíveis nas redes para uso em aulas remotas e atividades assíncronas. Para esse fim, vídeos no YouTube e podcasts surgem como possíveis e promissores aliados dos professores – dada a sua popularidade e facilidade de acesso – diante da necessidade de adaptar metodologias de ensino a tempos turbulentos e novidades constantes, em contraponto a uma estrutura educacional que nem sempre alcança a velocidade que demandam as dinâmicas sociais.

De fato, nesses espaços e mídias já é possível encontrar muito material de qualidade, com as mais diferentes formas e linguagens. E o objetivo deste texto é oferecer aos profissionais da área de História que dedicam sua vida ao ensino responsável algumas perspectivas de atuação, de modo que as produções sobre História disponíveis na internet nos formatos de vídeos para o YouTube e de podcasts não sejam vistas como entraves ou meros acessórios, mas sim como colaborações úteis e interessantes.

YOUTUBE E PODCASTS: O QUE SÃO?

O YouTube foi um site criado em 2005 por Chad Hurley e Steve Chen. Funcionários de uma empresa de tecnologia de São Francisco, Hurley e Chen compartilhavam da frustração de milhões de usuários de internet da época ao consumir e compartilhar vídeos on-line, uma vez que arquivos de vídeo eram muito pesados, dificultando que fossem enviados por e-mail, até então uma das principais formas de comunicação entre usuários de internet. Para disponibilizar arquivos grandes, os usuários tinham que criar seus próprios sites, o que demandava gastos e certo conhecimento técnico.

Eis que o YouTube surgiu como uma alternativa para essa limitação. Ele permitia que usuários pudessem fazer *upload* de seus próprios vídeos no site, bastando que o dono da obra enviasse o link de acesso a outro usuário para que a obra fosse compartilhada. Mas o grande salto do YouTube como plataforma se deu quando ela foi vendida ao gigante da tecnologia Google, adquirindo muito mais infraestrutura. Hoje, a plataforma recebe cerca de

500 horas de conteúdo por minuto, e cerca de 70% do público assiste aos vídeos em dispositivos mobile (como celulares e tablets), o que contribui para sua popularidade, haja vista que a possibilidade de assistir a vídeos de qualquer lugar com internet facilita o acesso do público.

Dado o alto custo de se manter uma plataforma com milhões de usuários fazendo *uploads* de vídeo constantemente, o YouTube tornou-se quase um monopólio no mercado de vídeos gratuitos on-line disponibilizados por usuários. Por conta disso, a plataforma acaba aglutinando criadores de conteúdo de todas as partes do mundo. Conteúdos educacionais fazem parte desse menu. No caso específico de conteúdo de História, é possível encontrar no YouTube materiais sobre conceitos (anarquismo, socialismo, direita, esquerda...), eventos (Independência do Brasil, Proclamação da República...), interpretações históricas sobre eventos (consequências da Inquisição, o legado de golpes e revoluções...), biografias de personagens históricos, novidades historiográficas, entre outros assuntos, além da enorme riqueza de formatos (exposição, debate, entrevista, animação, resenha de livros...).

Enquanto precisamos deixar claro o que é a plataforma YouTube, a mídia que ela veicula, o vídeo, é algo que dispensa explicações. Já podcast não é uma plataforma, mas sim um de tipo específico de mídia de áudio.

A palavra *podcast* surgiu da junção de dois termos: *iPod* e *broadcast*. Enquanto o primeiro é o nome de um dispositivo de reprodução de som, o segundo significa *transmitir* ou *difundir*. Isso, no entanto, não explica exatamente o que é um podcast. A forma mais didática que os próprios produtores de conteúdo para podcasts encontram para explicar o que é essa mídia é dizer que se trata de "um programa de rádio que você pode ouvir quando quiser, inclusive podendo fazer *download*". E de certa forma, essa definição consegue dar uma ótima noção para públicos mais amplos do que é essa mídia.

Os podcasts podem ter formatos muito distintos; podem ser curtos ou longos, apresentados por uma ou mais pessoas, narrativos ou em forma de conversa, entre outros. Há podcasts sobre praticamente qualquer tema: educação, entretenimento, cultura, esportes, sexualidade etc.

Diferentemente dos vídeos no YouTube, que raramente são encontrados em outras plataformas, os podcasts podem ser ouvidos em muitos aplicativos de celular e plataformas diversas. Algumas das mais populares no Brasil são Spotify, Apple Podcasts, Google Podcasts, Castbox e Deezer. É comum que os podcasts tenham também sites próprios onde os ouvintes podem localizar o conteúdo disponível. Por serem produções em formato de áudio, podcasts podem ser consumidos fazendo menos uso de dados de internet móvel e, por isso, acabam sendo mais acessíveis, especialmente nos casos de uma conexão de baixa velocidade ou com limite de tráfego diário. Seu consumo de bateria de aparelhos celulares também é menor, uma vez que é possível ouvi-lo com a tela do smartphone desligada.

Levando em conta que o formato torna a edição de vídeo desnecessária (o que não significa que não possa haver um esforço de edição de áudio), é relativamente comum que podcasts façam produções mais longas do que canais de YouTube, ainda que existam exceções.

Embora nem toda obra audiovisual requeira que a parte imagética seja efetivamente assistida (uma vez que ela pode ser apenas uma representação lúdica e todo o conteúdo ser totalmente dependente do áudio), é comum que as informações da obra se dividam entre a fala e a imagem. No caso do podcast, como todo o conteúdo é realizado em formato de áudio, o ouvinte pode usufruí-lo ao mesmo tempo que executa tarefas domésticas ou se desloca no trânsito. Assim, não é incomum o consumo de podcasts no carro, no transporte coletivo, no trajeto para o trabalho, a escola ou a faculdade. Em última instância, é possível ouvir podcast até durante o próprio trabalho, no caso de serviços que permitam essa prática, o que se mostra muito útil para estudantes que precisam trabalhar e têm pouco tempo livre para os estudos. Outra vantagem dos podcasts em relação ao vídeo do YouTube é que eles podem ser baixados (em plataformas relativamente intuitivas quanto à função de *download*) para que sejam ouvidos quanto se está sem internet. Os vídeos no YouTube até podem ser baixados, mas além de isso consumir mais banda de dados móveis, a tarefa é um tanto difícil para pessoas com pouco conhecimento das ferramentas apropriadas, uma vez que o YouTube não oferece essa opção, obrigando o usuário a fazer o *download* por outros meios, como sites e extensões de navegadores de internet.

Talvez uma desvantagem do podcast em relação aos vídeos como material didático seja que o formato áudio não parece ser muito atraente para uso direto em sala de aula. Os vídeos são ferramentas muito mais efetivas, por terem maior potencial de prender a atenção dos estudantes durante a aula. Além do mais, como dito antes, é comum que episódios de podcasts sejam mais longos do que vídeos, com duração equivalente ou até mesmo maior do que a de uma aula inteira.

Outra questão pertinente é que vídeos podem ser legendados, o que permite aos professores usar material de canais estrangeiros, enquanto um podcast em outra língua requereria transcrição para o português, o que tira deste o potencial didático como mídia alternativa ao texto escrito.

Por fim, é necessário pontuar, ainda que seja um tanto óbvio, que podcast é uma mídia pouco inclusiva quando se trata de alunos com deficiência auditiva, embora vídeos em que as informações estão presentes em tela, e não na fala, sejam excludentes para pessoas com certos tipos de deficiência visual. Tudo isso deve ser avaliado pelos professores de acordo com cada turma, cada caso e cada contexto.

ENTENDER O FAZER HISTÓRICO

É uma ideia corrente de que basta a boa informação estar acessível para que a informação de má qualidade, as falsificações históricas e as distorções da realidade sejam reconhecidas, suprimidas ou efetivamente combatidas. No entanto, por mais tentador que seja pensar dessa maneira, a experiência nos últimos anos, dentro e fora das salas de aula, demonstra que essa leitura é extremamente ingênua. A informação por si só não garante um combate efetivo à desinformação; é necessário pensar em estratégias que permitam ao estudante entender que o conhecimento não é algo neutro pairando no ar, pronto para ser capturado e passado adiante.

No caso do ensino de temas políticos sensíveis, é preciso que o estudante compreenda também que se o que é ensinado na escola conflita com suas concepções políticas, isso não necessariamente significa que o professor está atacando pessoalmente o aluno, ou tentando doutriná-lo politicamente, e que é plenamente possível que ambos, estudante e professor, estabeleçam uma relação profissional em que as eventuais discordâncias políticas possam ser resolvidas para além das paixões. E, repetindo: não é a mera informação de qualidade que fará isso.

Mais importante do que ter acesso à História factual exposta de uma maneira que respeite o fazer histórico, é necessário que os estudantes *entendam como se faz História*. Saber sobre um fato histórico é enriquecedor, mas se o estudante não entender como se chega ao conhecimento histórico, não souber como os historiadores lidam com fontes, não aprender sobre a natureza lacunar da História, não souber separar resultados de pesquisa séria de meras opiniões e não entender a importância da avaliação por pares, ele fica vulnerável à percepção de que o conhecimento histórico é apenas uma queda de braço entre "dois lados" e que o lado que empurrar com mais força vence. Também pode pensar que qualquer coisa vista sobre História "na internet" é tão válida quanto os frutos das melhores pesquisas e sínteses historiográficas.

Fomentar nos estudantes o respeito à cientificidade da História e pensar em estratégias de transformar esse entendimento em algo didático são maneiras de, na medida do que é possível dentro do interesse e empenho de cada um, *treinar o olhar do aluno para que ele possa ser capaz de identificar o bom fazer histórico em um mar de distorções*. Alguns leitores talvez torçam o nariz para essa proposta. Ela pode soar como algo excessivamente otimista ou descolado da realidade de algumas salas de aula, uma vez que esse é o tipo de coisa que é ensinada, sobretudo, nas universidades – e mesmo lá alguns estudantes falham em aprender questões básicas que dizem respeito ao fazer histórico científico. Mas é importante considerá-la.

Obviamente que falar é muito mais fácil do que fazer, e quaisquer sugestões que eu tenha a oferecer aos leitores encontrarão dificuldades de aplicação. Afinal, não é necessária muita experiência docente para saber que a realidade de salas de aula, escolas, bairros e classes sociais predominantes em uma instituição ou outra apresenta suas dificuldades específicas. Contudo, há alguns pontos que, penso eu, são centrais na tentativa de ensinar os alunos sobre o fazer histórico.

O primeiro deles é explicar como os historiadores trabalham com fontes. As fontes – sejam elas escritas, imagéticas, orais ou de quaisquer outros tipos – são a pedra angular da pesquisa histórica. Logo, é necessário que os estudantes entendam que, para qualquer afirmação factual em História, é preciso que as fontes que levaram a ela estejam acessíveis, ou que pelo menos seja possível saber de onde a afirmação veio e em que está baseada. Além disso, é importante reconhecer que a História tem uma natureza lacunar; logo, há coisas que as fontes jamais vão responder, o que não significa que qualquer coisa seja válida para se preencher as lacunas. Mesmo inferências e suposições precisam fazer sentido diante das evidências disponíveis e de pesquisas semelhantes.

O segundo ponto é destacar a importância da bibliografia. Não importa que tema uma pessoa deseje pesquisar: provavelmente alguém já passou por ele em algum momento, mesmo que tenha usado outras fontes ou buscado responder uma questão completamente diferente. Logo, ter contato com o que há de mais relevante publicado sobre o assunto da pesquisa é fundamental, inclusive para ajudar no preenchimento de lacunas, como dito no parágrafo anterior.

O terceiro ponto, também bastante importante, é compreender a questão da análise por pares. Um autor pode ter acesso às melhores fontes e livros, mas se não souber fazer uso de todo esse material, ou decidir fazê-lo de forma intelectualmente desonesta, serão os pares que apontarão os problemas de seu trabalho. Já um bom trabalho acabará sendo validado pela comunidade científica. A importância de insistir nesse ponto com os estudantes se dá, principalmente, por duas razões: 1) permitir o entendimento de que o livro em si (ou o vídeo, ou documentário, ou o texto "da internet") não é um totem de autoridade, uma vez que maus trabalhos podem ser publicados e divulgados, e que a mera existência de um autor que defenda uma hipótese não significa que ela seja válida apenas por isso; 2) minar a noção de "falácia da autoridade", na qual a validade de um argumento se dá pelo *status* ou o carisma de quem o fala diante de determinados grupos, e não por sua competência ou experiência.

Voltando para a questão específica dos conteúdos históricos em plataformas digitais, é fato que, em geral, elas conferem aos produtores uma espécie de "autoridade social" baseada na validação que o público confere a esses sujeitos. Se muitos deles desenvolvem trabalhos sérios e buscam sedimentar seus conteúdos em boas práticas de fazer histórico, outros, porém, apelam para práticas como basear-se em autores completamente desacreditados pela academia ou usam boa bibliografia de maneira distorcida. Caso o público seja levado a acreditar que o sujeito que produz esse tipo de conteúdo intelectualmente desonesto tem tanta validade acadêmica quanto o consenso acadêmico que o desmente, todo o processo de aprendizado a partir daí pode estar comprometido.

Diante da multiplicidade de conteúdos disponíveis na internet, uma possibilidade para os docentes é buscar vídeos que atendam aos critérios qualitativos mínimos que se espera de uma produção sobre história e compará-los, junto com os alunos, com outros que não atendam a esses critérios. Caso a estrutura da escola permita, um exercício possível em sala de aula é o de passar dois vídeos: um que apresenta suas fontes, as quais atendem aos critérios historiográficos mencionados anteriormente e outro, logo após, que segue no caminho oposto. É possível, então, analisar em aula os discursos ideológicos presentes ou não em cada vídeo, questionar as obras citadas em cada um deles – quando elas são citadas –, discutir se os autores mencionados têm ou não respaldo de pares, outros historiadores. A partir desse exercício de esmiuçar os vídeos, é possível abrir um debate em sala de aula sobre diversos assuntos, desde "como se escreve a História" até "formas de apropriação do passado". A ideia desse tipo de esforço é também mostrar que é preciso estar atento às tentativas de manipulação do passado e ressaltar a necessidade de se *procurar fontes de informação de qualidade, qualquer que seja a mídia.*

*

Os currículos de cada ano na educação básica limitam bastante o tempo que pode ser dedicado a cada assunto, e não é raro que o ano letivo termine sem que todo o conteúdo previsto para ele tenha sido ministrado. O uso de mídias digitais pode ajudar não apenas com conteúdo extra ou como ferramenta didática de entendimento do fazer histórico, mas também em outros tipos de aprendizado, como *o das relações de alteridade.*

Alguma vez nossos estudantes já se perguntaram como os portugueses aprendem a História do Brasil? Como angolanos compreendem a escravidão atlântica em relação ao Brasil? O que canais estrangeiros falam sobre a nossa história? Países desenvolvidos veem seu passado colonial ou escravocrata da mesma maneira que nós, de um país que foi colônia por séculos?

Com o devido conhecimento dos idiomas apropriados, professores podem selecionar vídeos, podcasts ou mesmo textos produzidos em outros países sobre assuntos históricos e usá-los para desenvolver com os alunos o conceito de alteridade. Entender como o "outro" vê o mundo ou nos vê é uma importante maneira de se criar pontes, e nada melhor do que mídias acessíveis de qualquer lugar do mundo para ajudar a desenvolver esse tipo de trabalho.

Claro que a seleção desses materiais precisa ser bem pensada, uma vez que pode ser irreal utilizar, por exemplo, um vídeo em inglês para determinadas turmas (mesmo se pensarmos em atividades interdisciplinares com o colega que dá aula de Inglês), pois a compreensão costuma exigir um conhecimento mais avançado da língua. Uma alternativa para trabalhar em aula com vídeos que não estão em português é fazer o *download* deles e legendá-los com a ajuda de programas de edição (no próprio YouTube há vídeos tutoriais que ensinam como usar programas de edição e legenda). Se for um vídeo relativamente curto, mas com recursos visuais atrativos, ele pode manter a atenção dos estudantes mesmo diante da necessidade de tradução oral por parte do professor, durante algumas pausas na exibição.

No caso de podcasts, não existe o recurso da legenda; dependendo do tamanho do áudio escolhido, uma possibilidade é a tradução simultânea pelo docente.

USANDO VÍDEOS E PODCASTS COMO MATERIAL DIDÁTICO

Em 11 de agosto de 2019, o prestigiado jornal *The New York Times* publicou um artigo intitulado "How YouTube radicalized Brazil" ("Como o YouTube radicalizou o Brasil"), escrito por Max Fisher e Amanda Taub. O texto em questão explicava como em anos anteriores youtubers, especialmente do campo da extrema direita, usaram a plataforma para divulgar discursos radicais a respeito de política, e como estes tiveram impactos reais não apenas na radicalização política de segmentos da sociedade, mas nas próprias eleições de 2018 – e não só para a presidência. Essa ação não se deu apenas pela mera exposição de opiniões, muitas vezes em retórica inflamada, mas também pela distorção de fatos e compartilhamentos em massa de notícias falsas – as tão faladas *fake news* – que ressoaram em grandes parcelas da população. No meio de todo esse processo, a educação pública, uma vez mais, foi duramente atacada por motivos que os profissionais da educação conhecem de longa data: um misto de culto à ignorância (que é politicamente conveniente a determinados grupos) com campanhas de descrédito da educação pública (algo bastante útil para o crescente *lobby* do setor privado nas diferentes instâncias da política nacional).

No ano de 2019, diversos canais de YouTube, podcasts, sites e outros projetos começaram a aparecer no ambiente virtual para servir de contraposição aos discursos de desvalorização da educação e, em bom português, ao ensino (intencional ou não) de conteúdos de maneira equivocada em ambientes virtuais que, longe de serem apenas espaços que favoreçam o embate de ideias de forma plural e saudável, são responsáveis por sabotar os esforços de professores e professoras Brasil afora. Nesse sentido, o ambiente virtual como um todo se tornou um campo de batalha constante.

É por isso que defendo com veemência que os *professores devem chegar primeiro ao YouTube e aos podcasts*. "Chegar primeiro" não significa que os professores devam criar seus próprios canais ou podcasts, embora essa seja, sem dúvida, uma possibilidade (que será discutida no final deste texto). Significa que *os professores devem fazer a curadoria do que há disponível com boa qualidade*, justamente *para orientar os estudantes a usar esse material a favor de um bom aprendizado*.

Com a devida orientação, e alguma sorte, os alunos deixarão em segundo plano os materiais de baixa qualidade, de proselitismo rasteiro, promotores de preconceitos e propagadores de *fake news*.

*

Pensemos no exemplo da Proclamação da República, um evento de grande impacto na história do Brasil em longo prazo e que suscita diversos debates de caráter político e ideológico. Suponhamos que você, professor, chegou ao ponto de sua disciplina em que deve tratar desse tema com seus estudantes. O esperado é que você use o livro didático ou qualquer outro material fornecido pela instituição de ensino em que atua, mas também lance mão de materiais próprios e quaisquer outros suportes disponíveis. Suponhamos também que você resolva, deliberadamente, não utilizar vídeos ou podcasts como ferramentas didáticas; afinal, você tem autonomia para escolher o que usar ou não. Suponhamos, por fim, que você decida elaborar uma avaliação em torno do tema da Proclamação da República e oriente os estudantes a se prepararem para ela com base nos materiais que forneceu a eles em sala de aula.

Nessa situação, é de se esperar – porque isso é uma realidade inegável – que muitos dos seus alunos busquem se preparar para essa avaliação consultando vídeos de divulgação histórica no YouTube, textos da Wikipédia e outros recursos disponíveis na web. Com isso, é possível que eles se depararem com vídeos de proselitismo político monarquista que, por vezes, propagam versões e representações altamente idealizadas do período monárquico no Brasil. Diante desse cenário, corre-se o risco de os alunos acabarem incorporando conteúdos equivocados.

Caso algo assim aconteça, certamente não será culpa do professor. No entanto, é possível pensar em estratégias de contenção desse tipo de risco.

Suponhamos que, ao invés de indicar apenas o livro didático e alguns materiais extras escritos, você faça uma curadoria dos melhores vídeos sobre o assunto em questão presentes no YouTube e os indique aos estudantes como material de estudo para a avaliação. Ou que recomende aos estudantes cinco vídeos sobre a Proclamação da República. Ora, se o aluno entende que os vídeos indicados permitem a resolução da avaliação, por que ele irá procurar vídeos além dos recomendados?

Não que isso não possa também acontecer, mas, de todo modo, uma curadoria prévia por parte do docente ajuda a orientar os alunos para obras audiovisuais de boa qualidade, deixando de lado a sedução de vídeos polêmicos, sensacionalistas e, muitas vezes, mentirosos.

No caso dos podcasts, a mesma curadoria pode ser feita. Algumas plataformas, como o Spotify, permitem que um usuário organize uma *playlist* de episódios de diferentes podcasts. As plataformas de podcast em geral não cobram dos ouvintes o acesso e os *downloads*, o que permite ao professor criar diferentes listas de programas para cada turma, a cada ano letivo, baseado no grau de profundidade dos episódios e programas. Dada a facilidade de *download* e a escuta desses programas, os estudantes podem levar esse material consigo em seus celulares e consultá-lo em diversos momentos e em qualquer lugar.

CANAIS E PODCASTS POSSÍVEIS

Agora penso ser o momento de oferecer aos colegas algumas sugestões de produções existentes, de modo que aqueles que têm pouca familiaridade com estas mídias saibam por onde começar a procurar materiais de qualidade, lembrando que conteúdos mais curtos e com uma abordagem mais leve costumam ter uma boa inserção em anos iniciais, enquanto podcasts mais longos e com temas mais densos podem funcionar melhor no ensino médio e superior.

Gostaria de começar esta lista com as produções com as quais estou ou já estive envolvido nos últimos anos. No YouTube, tenho o canal *Leitura ObrigaHISTÓRIA* desde 2015, com vídeos que tratam desde fatos históricos até questões conceituais. Enquanto alguns vídeos desse canal podem funcionar no ensino básico sem grandes problemas, parte deles se mostra mais eficiente diante do público universitário. De todo modo, esses vídeos podem ajudar professores a formular suas aulas expositivas. Em diversas produções, contamos com a participação da historiadora Luanna Jales e da antropóloga Mariane Pisani.

No âmbito dos podcasts, dentro do selo *Leitura ObrigaHISTÓRIA*, temos o *História FM*, um programa dedicado a temas de História Geral, em que entrevisto profissionais respeitados da área de História e humanidades em geral, como Tania Regina de Luca, Francisco Doratioto, Silvio Almeida, Julio Bentivoglio, Odilon Caldeira Neto, Joana Maria Pedro, Angelo Segrillo, entre outros. O programa já recebeu diversos *feedbacks* positivos de professores que recomendaram os episódios para seus estudantes ou usaram os mesmos para se atualizar.

Sobre História do Brasil, temos o *Estação Brasil*, um podcast apresentado pelo historiador Ricardo Duwe que conta tanto com episódios solo quanto com entrevistas, buscando falar da história de nosso país de maneira um pouco mais aprofundada para além da História anedótica. Já o *Colunas de Hércules* é um podcast de divulgação de História Antiga apresentado por Vinicius Fedel, que entrevista alguns dos maiores nomes da área no Brasil. Por fim, temos o *Historiconomia*, um podcast apresentado por mim e pelo economista Gabriel Ursini, dedicado a aproximar História e Economia e a ensinar noções básicas de economia.

Ainda entre os canais brasileiros, sugiro o canal *Se liga nessa história*, que, com vídeos de divulgação histórica acessíveis e didáticos, dialoga de forma muito efetiva com públicos mais jovens, especialmente estudantes que se preparam para o Enem e demais vestibulares. Conta com professores experientes e carismáticos, o que angariou ao canal mais de um milhão de inscritos.

Outra opção é o canal *Nerdologia*. Embora tenha começado como um canal de ciências em geral, apresentado pelo biólogo Átila Iamarino, passou a lançar periodicamente vídeos de História apresentados pelo professor

Filipe Figueiredo, que também é responsável pelo *Xadrez verbal*, um podcast de política internacional que está entre os mais ouvidos do Brasil, apresentado em conjunto com Matias Pinto. O canal possui um altíssimo valor de produção, com animações muito elaboradas em vídeos de cerca de dez minutos ou menos, o que faz com que sejam materiais didáticos muito valiosos, inclusive para o uso em aulas de menor duração.

Os canais *Clio: História e Literatura* e *Profa. Anelize*, por sua vez, dialogam de maneira efetiva com públicos mais jovens. O canal *Profa. Anelize* busca produzir conteúdos mais voltados para estudantes do ensino básico ou que se preparam para o Enem e vestibulares, com foco maior em instituições do estado de São Paulo, enquanto os responsáveis pelo canal *Clio* produzem também podcasts como *ClioCast, Imprima-se a lenda, Museando, Medievalíssimo*, entre outros.

Ainda no âmbito dos podcasts, o *História no cast*, desenvolvido pela página *História no Paint*, se dirige a um público majoritariamente jovem e busca produzir o conteúdo de maneira acessível e despojada. Esse podcast ainda agrega episódios de entrevistas sobre temas contemporâneos, histórias em quadrinhos relacionadas a temas históricos e sociais, entre outros conteúdos correlatos.

Há também os podcasts *História em meia hora* e *História pros brother*, ambos apresentados pelo professor Vítor Soares, que desenvolvem episódios concisos e de maneira divertida, voltados para um público amplo.

O podcast *História preta*, dedicado especificamente a tratar da população negra no Brasil e no mundo, contém episódios sobre História, memórias, cultura, esportes, artes, entre outros temas.

No caso de vídeos de canais estrangeiros (que, lembrando, podem ser legendados), há alguns com grande potencial para uso em sala. O *Voices of the Past* apresenta animações com narrações baseadas em fontes primárias. Nele, é possível encontrar adaptações de relatos como o do primeiro indiano a conhecer a Inglaterra, as impressões de um japonês que visitou o Irã e antigos territórios persas, a descrição de um futurista em 1901 de como seria o ano de 2001, as impressões de um estadunidense ao ter contato com os japoneses pela primeira vez, entre outros. Os vídeos são ricamente ilustrados e costumam ter em média 12 a 15 minutos de duração. Mesmo que não seja possível usá-los diretamente em sala, dependendo do contexto, ainda assim é possível transcrever e traduzir trechos dos vídeos para discussão em aula.

Outra opção é o canal *Simple History*. Ele se dedica a apresentar conteúdos de História em forma de animações, o que tem grande apelo com o público mais jovem. Uma desvantagem desse canal é que quase todos os seus vídeos são dedicados a histórias de indivíduos, normalmente em situações de guerra – se por um lado essas histórias podem gerar muito interesse nos estudantes, por outro, têm pouca relevância didática em uma perspectiva histórica macroscópica, e seu uso provavelmente seria muito limitado. O mesmo ocorre com o canal *The Armchair Historian*, que também dedica quase todas as suas produções a temáticas de guerra e conta com animações. Os prós e contras do *Simple History* se aplicam também a esse canal.

History Buffs é um canal apresentado pelo historiador Nick Hodgers dedicado a analisar filmes e séries baseadas em acontecimentos reais, não apenas discutindo as obras, mas também tentando apontar seus acertos e erros, de modo a avaliar se as produções são ou não historicamente precisas. Hodgers reserva sempre parte de cada vídeo ao contexto histórico "por trás" da história contada pelo filme ou pela série. Embora os vídeos tendam a ser longos, podem ser muito efetivos como material didático se legendados.

Lembrando que os exemplos citados são apenas algumas das boas opções em um universo de conteúdos. Há muitos outros de excelente qualidade, ao mesmo tempo que há muito material péssimo, não apenas ensinando História de maneira equivocada, mas muitas vezes apelando para a xenofobia, o antissemitismo e o racismo, com um verniz de "divulgação científica".

Portanto, volto ao que foi dito anteriormente: *os professores precisam chegar primeiro ao YouTube e aos podcasts*, de modo a separar o joio do trigo e ajudar os estudantes a ter contato com bons conteúdos que passaram pelo crivo de profissionais da área.

CRIANDO SUAS PRÓPRIAS PRODUÇÕES

Se você, professor, decidiu começar a criar conteúdo educacional em vídeos ou podcasts, um celular com uma boa câmera é o maior aliado, caso não tenha condições financeiras de adquirir equipamentos mais apropriados.

Para a gravação de vídeos, por exemplo, é possível adquirir acessórios de baixo custo, como um tripé com encaixe para celular, uma iluminação apropriada (como *ring lights*) e mesmo microfones de lapela com adaptadores para uso em celular. Há kits inteiros disponíveis para youtubers iniciantes, por preços relativamente acessíveis.

Para ajudar na apresentação, existem, por exemplo, aplicativos de *teleprompter* de baixo custo que permitem que o usuário filme a si mesmo enquanto visualiza um texto previamente preparado que corre na tela do celular ou computador em velocidade ajustável. Há programas de teleprompter gratuitos também, mas não conheço nenhum gratuito que permita a filmagem simultânea.

No caso de podcasts, tudo é mais fácil e barato, haja vista que não é estritamente necessário comprar equipamentos como tripés ou microfones, ainda que possam ser úteis. O próprio microfone do celular, desde que usando um bom aplicativo de gravação, pode garantir uma ótima qualidade, depois dos devidos testes. É importante que a gravação seja feita em um ambiente suficientemente silencioso, sem muito eco, e que o aparelho não fique afastado demais do apresentador para que a fala não soe distante, nem perto o suficiente para que o microfone capte sopros, respirações e a pronúncia de certas sílabas cujo deslocamento de ar pode causar pequenos picos de volume no áudio original.

É muito importante que os educadores dispostos a se aventurar nas redes saibam que o YouTube possui um incontável número de vídeos-tutoriais dos mais variados programas, nos mais variados idiomas. Com um pouco de tempo e paciência, é possível aprender desde quais são os melhores programas de gravação até as melhores opções de programas gratuitos, tanto para gravação quanto para edição de áudio e vídeo. É possível também aprender a gravar fazendo uso do celular ou do notebook, ainda que, pela minha experiência, celulares apresentem melhores resultados técnicos.

No caso de maior possibilidade de investimento em equipamentos, o ideal para vídeo seria o uso de uma câmera DSLR, que permite a troca de lentes. Isso dá uma certa versatilidade a quem filma, uma vez que lentes mais abertas funcionam melhor caso o espaço físico de gravação seja muito pequeno. Já para podcasts, há pequenas mesas de som e interfaces que, mediante o uso de um microfone de boa qualidade (é possível adquiri-lo a um custo relativamente baixo), permitem resultados com qualidade excepcional. E mesmo sem mesas de som ou interface, há diversos microfones com conectividade USB que podem ser plugados diretamente no notebook para uso com programas de gravação, que vão desde os gratuitos, como o Audacity, até os pagos e avançados, como Adobe Audition.

Mas para além das questões técnicas, é preciso planejamento. Por melhor que esteja a qualidade técnica de um vídeo ou podcast, é necessário planejar formato, duração, edição, entre outros fatores. Quanto melhor o planejamento, mais eficiente como material didático seu produto será.

O vídeo está sendo feito para ser usado em sala ou para ser estudado em casa? Se é para sala de aula, sua duração deve ser curta de modo a permitir que seja discutido com os alunos. Se é para estudo em casa, talvez seja possível fazer uma produção mais longa.

E quanto às condições dos alunos de usufruírem dessas produções? A escola é frequentada majoritariamente por pessoas com acesso à internet ou por pessoas com condições financeiras insuficientes para tal?

E, no caso de podcasts, como será o formato? Será uma aula expositiva? Fará uso de canções com letras formuladas pelos professores para memorização de conteúdo? Usará trechos de áudio externos, como notícias, discursos históricos e afins?

Deve-se levar em conta também o público; seu vídeo ou podcast será voltado apenas para suas turmas ou para qualquer espectador? Ter isso em mente é muito importante, pois pode direcionar a linguagem do vídeo, os maneirismos e até mesmo o uso de piadas internas, que podem funcionar com uma turma, mas não com outra, nem com o público geral. Os vídeos ainda podem ser restritos (só quem tem os links pode vê-los) ou públicos. Vai da preferência de cada professor.

CONCLUSÃO

As possibilidades de usos de conteúdo virtual para o ensino não se encerram em vídeos e podcasts. Existem literalmente milhares de blogs, sites – com maior ou menor interatividade –, memes e outros materiais que podem ser apropriados por professores de maneiras eficientes e criativas. Contudo, este texto foca em dois tipos de mídia que se tornaram extremamente populares nos últimos anos. E é justamente porque sua popularidade atrai a atenção que as orientações de profissionais da área da educação, intervindo para permitir aos estudantes uma melhor compreensão e leitura dessas mídias, são fundamentais.

No mundo conectado em que vivemos, onde a internet se torna continuamente mais acessível – ainda que uma porcentagem enorme de brasileiros não tenha acesso a ela –, é imprescindível que educadores conheçam as diferentes mídias nas quais se divulga conhecimento histórico para além das tradicionais, como livros, revistas, jornais, programas de televisão e rádio. Se levarmos em consideração que o YouTube surgiu em meados de 2005 e já é a segunda maior plataforma de buscas do mundo, agir como se ele fosse algo à parte sem impacto no aprendizado de todos – de jovens a idosos – é negligenciar algo socialmente consolidado. E nós não podemos agir como se entender essas mídias não fosse importante; pelo contrário, é preciso observar como elas atuam, quais são seus perigos e – o foco deste capítulo – suas potencialidades. Mais do que apontar o que elas podem trazer de nocivo, temos que tentar usá-las em nosso benefício como profissionais da área de educação.

Como qualquer texto destinado a falar sobre novas tecnologias ou mídias, este capítulo corre o risco de se tornar datado em poucos anos. Contudo, se ele contribuir efetivamente para o uso dessas mídias em seu momento de pico de popularidade, abrindo caminho para debates mais atualizados no futuro, ele terá cumprido seu papel.

Leituras complementares

BURGESS, Jean; GREEN, Joshua. *YouTube e a revolução digital*: como o maior fenômeno da cultura participativa está transformando a mídia e a sociedade. São Paulo: Aleph, 2009.

CARVALHO, Bruno Leal P.; TEIXEIRA, Ana Paula Tavares (eds.). *História pública e divulgação de história*. São Paulo: Letra e Voz, 2019.

MAUAD, Ana M.; ALMEIDA, Juniele R. de; SANTHIAGO, Ricardo (orgs.). *História pública no Brasil*: sentidos e itinerários. São Paulo: Letra e Voz, 2016.

ROSA, Rogério Rodrigues (org.). *Possibilidades de pesquisa em História*. São Paulo: Contexto, 2017.

Luanna Jales

é bacharel e licenciada em História pela Universidade Federal de Santa Catarina (UFSC), onde também foi bolsista do Laboratório de Estudos de História da África (LEHAf). Integra o canal *Leitura ObrigaHISTÓRIA*, sendo responsável pelo quadro *Mulheres na História*, que fala sobre feminismo, sexualidade, relações sociais e questões raciais.

Visibilidade histórica para mulheres, negros e indígenas

Indígenas, negros e mulheres estão entre os atores históricos menos reconhecidos. Não que não tenham sido importantes, não que não tenham influenciado sua própria geração e as seguintes: simplesmente não foram por muito tempo objeto da atenção de pesquisadores. O olhar dos historiadores não se voltava para eles. Não por acaso, a grande historiadora francesa Michelle Perrot fala que é difícil escrever a História das mulheres pela escassez das fontes, sua má preservação e até mesmo uma negligência proposital em relação aos registros capazes de contar sobre o feminino.[1] Dificuldades semelhantes podem ser observadas ao se trabalhar com a história de outros grupos tidos como menos importantes até poucas décadas atrás. Foi somente após o século XIX, com o aumento significativo da presença das mulheres nas fábricas e uma interação urbana maior de diferentes grupos étnicos e raciais, que parece ter havido uma preocupação social maior em retratar essas pessoas como cidadãos.[2]

Para períodos anteriores, é muito difícil encontrar registros sobre grupos minoritários que não sejam relacionados à perseguição que sofriam. Isso faz pensar nas consequências que o apagamento, muitas vezes deliberado, desses sujeitos trouxe para a compreensão do passado e do presente.

É hora de trazermos esses personagens para sala de aula e mostrarmos que possuem um papel ativo na história. Neste texto, focalizarei mais a questão negra no Brasil, com que tenho mais familiaridade, mas acredito que fatos, exemplos e situações apresentados aqui poderão ser ponto de partida para facilitar a percepção das pessoas sobre o papel das minorias como agentes históricos.

QUE É "MINORIA" E POR QUE FALAR SOBRE ELA?

Antes de tudo, é preciso estabelecer o significado de "minoria". Quando ouvimos esse termo, a ideia mais imediata que surge em nossas mentes é a de um grupo em desvantagem numérica em relação ao outro e, por isso, quando vemos essa palavra sendo utilizada para se referir às "pessoas que sofrem algum tipo de discriminação" é natural pensarmos que isso se deve ao fato de elas estarem em menor número e, portanto, sujeitas às vontades da "maioria". É aí que talvez surja a dúvida: como esse termo pode ser aplicado a mulheres e negros no Brasil, sendo que ambos formam a maior parte da população no país? Parece uma pergunta boba, e para a qual muitos de vocês provavelmente já saibam a resposta, mas, para que este texto faça sentido, é importante deixar bem clara a distinção entre "minorias sociais" e minoria quantitativa.

Ao longo da história, a definição de quem faz parte das minorias foi se modificando. Contudo, identificar os grupos minoritários é possível através de alguns pontos em comum que se repetem em diversos períodos históricos, como: estigmatização social; discriminação na esfera pessoal, governamental e legal; desvantagem quanto à representação política e econômica de seus interesses frente a uma dita maioria[3] (assim, as minorias também podem ser chamadas de "grupos sub-representados"). Em resumo, o que os grupos minoritários (ou sub-representados) têm em comum é o fato de, por longos períodos, não terem sido vistos como cidadãos ou terem sido considerados apenas cidadãos de segunda classe. Para facilitar a compreensão dos alunos a respeito do presente, é possível dizer que hoje se trata de pessoas que raramente ocupam um número significativo de posições políticas, cargos elevados nas empresas privadas, profissões consideradas de elite e protagonismo em peças publicitárias e produções midiáticas.

No Brasil, alguns exemplos de grupos com pouca representação e que se encontram em condição de maior vulnerabilidade social são: indígenas, negros, deficientes físicos, nordestinos, nortistas, imigrantes, habitantes de periferias, trabalhadores do campo, membros da comunidade LGBTQI+ e mulheres. Essa lista pode ser ainda mais extensa dependendo do local e do contexto.

Apesar disso, vivemos um momento de grandes transformações para aqueles que fazem parte de qualquer minoria. Em 2020, houve o maior número de candidaturas de pessoas LGBTI+ já registrado na história política brasileira.[4] Nos últimos anos, a quantidade de produções acadêmicas sobre "questões raciais" aumentou expressivamente, assim como o ingresso de indígenas em universidades, as denúncias contra a violência doméstica e também a quantidade de produções midiáticas com linguagem inclusiva para deficientes visuais e auditivos.

Chegamos a um ponto de "não retorno" no que tange à visibilidade das causas desses grupos, sua luta por reconhecimento social e por direitos garantidos. Embora ainda haja um longo caminho a percorrer, eles já não se escondem e fazem com que suas demandas sejam conhecidas por uma quantidade cada vez maior de pessoas. A internet tem um papel fundamental na divulgação dessas demandas. Também são incontáveis as páginas, os livros, os programas, os fóruns e as produções visuais organizados por membros das diversas minorias e dedicados às suas questões. A maior parte desse conteúdo circula livremente, podendo chegar a milhões de pessoas, o que leva discussões antes restritas a certos nichos e publicações de baixa circulação, como *O Lampião da Esquina* ou *A Pátria*,[5] a se espalhar e ganhar força suficiente para serem pautas em veículos mais tradicionais e com enorme alcance popular. Assim, as inquietações que afligem essas pessoas já não se manifestam apenas em publicações clandestinas e obras marginais, elas chegam ao horário nobre, a grandes editoras, ao cinema, aos lares e, consequentemente, às salas de aula.

DIVERSIDADE E MINORIAS SOCIAIS EM SALA DE AULA

Embora questões ligadas à diversidade sejam cada vez mais comuns em produções culturais que atingem o grande público e permeiem as discussões cotidianas, a escola, como instituição, parece ainda evitar tocar nelas de maneira consistente. Em geral, opta por aderir ao discurso de que "somos todos iguais", o que na prática significa não falar especificamente sobre as minorias. Da mesma forma, a palavra "diversidade" parece só ser trazida à tona em momentos pontuais ou discursos genéricos "contra o *bullying*" e "a importância do respeito".

Não me entendam mal, esses tópicos são de extrema importância e precisam ser trabalhados com os alunos, porém, é possível estender a discussão sobre grupos minoritários de maneira a enriquecer o processo de aprendizado de todos, superar estereótipos de longa data e auxiliar particularmente os alunos que fazem parte desses grupos a reconhecer sua importância social. Embora muitos de nós, professores, possamos ter medo de abordar temas vistos às vezes como "controversos", não devemos esquecer que o pluralismo é um dos princípios da educação brasileira segundo a Constituição e que, nas últimas três décadas, o legislativo vem dando respaldo aos professores para que tratem da questão da diversidade dentro das escolas.

A inclusão de alunos com deficiência na rede regular de ensino é garantida por lei a partir de 1988 e, desde então, diversas leis e resoluções relativas ao projeto político-pedagógico para viabilizá-la nas escolas foram editadas. Em 1996, a Lei n. 9.394, que estabelece as diretrizes e bases da educação nacional, demanda que aos alunos seja ensinado sobre o papel dos negros e dos indígenas na formação da sociedade brasileira, com ênfase em suas contribuições nas áreas social, econômica e política. Em 2003, pela Lei n. 10.639, torna-se obrigatório nas escolas o ensino de História e cultura afro-brasileira e indígena. O tema "orientação sexual" entra como parte dos Parâmetros Curriculares Nacionais em 1997, sugerindo que aborto, virgindade, homossexualidade, entre outros tópicos ligados à sexualidade sejam discutidos no ambiente escolar a fim de oferecer um espaço onde os alunos possam questionar livremente e estabelecer uma visão própria sobre esses assuntos.[6] Embora, em 2017, as discussões sobre sexualidade e gênero tenham sido parcialmente suprimidas da nova Base Nacional Comum Curricular (BNCC), o respeito à diversidade continua como norma. As orientações curriculares de 2006, ainda em vigência para o ensino médio nas áreas de Ciências Humanas e suas Tecnologias, estabelecem que os educadores devem ser coerentes com os princípios estéticos, políticos e éticos que se seguem:

I. a Estética da Sensibilidade, que deverá substituir a da repetição e padronização, estimulando a criatividade, o espírito inventivo, a curiosidade pelo inusitado e a afetividade, bem como facilitar a constituição de identidades capazes de suportar a inquietação, conviver com o incerto e o imprevisível, acolher e conviver com a diversidade, valorizar a qualidade, a delicadeza, a sutileza, as formas lúdicas e alegóricas de conhecer o mundo e fazer do lazer, da sexualidade e da imaginação um exercício de liberdade responsável;

II. a Política da Igualdade, tendo como ponto de partida o reconhecimento dos direitos humanos e dos deveres e direitos da cidadania, visando à constituição de identidades que busquem e pratiquem a igualdade no acesso aos bens sociais e culturais, o respeito ao bem comum, o protagonismo e a responsabilidade no âmbito público e privado, o combate a todas as formas discriminatórias e o respeito aos princípios do Estado de Direito na forma do sistema federativo e do regime democrático e republicano;

III. a Ética da Identidade, buscando superar dicotomias entre o mundo da moral e o mundo da matéria, o público e o privado, para constituir identidades sensíveis e igualitárias no testemunho de valores de seu tempo, praticando um humanismo contemporâneo, pelo reconhecimento, pelo respeito e pelo acolhimento da identidade do outro e pela incorporação da solidariedade, da responsabilidade e da reciprocidade como orientadoras de seus atos na vida profissional, social, civil e pessoal.[7]

Cientes desse histórico e das bases legais que justificam a inclusão de questões ligadas às minorias, os professores podem se sentir mais à vontade para planejar suas aulas de História buscando tratar da atuação de indígenas, negros, mulheres, deficientes e outros grupos sub-representados em uma perspectiva que mostre aos alunos que todos, inclusive eles, são sujeitos da história e podem participar ativamente da construção do momento no qual vivem.[8]

UMA HISTÓRIA VISTA DE BAIXO

Em 2019, a escola de samba Mangueira foi vencedora do carnaval do Rio de Janeiro com a música "História de ninar gente grande", cuja letra se propõe a cantar "os versos que o livro apagou" e mostrar o país que "não tá no retrato". Por isso começa dizendo "Brasil, chegou a vez de ouvir as Marias, Mahins, Marielles, malês", em referência às mulheres do povo, a ícones de resistência negra e às revoltas de escravos. O que essa letra faz é justamente abordar objetos de estudo da "História vista de baixo", uma corrente historiográfica que propõe escrever e ensinar História a partir da vivência de sujeitos históricos que tiveram pouca atenção da historiografia tradicional, por muito tempo "um relato dos feitos dos grandes", daqueles que detinham o poder ou de figuras extraordinárias que se destacavam em seu meio, enquanto as pessoas do povo – que organizavam revoltas, trabalhavam nos palácios ou nas pequenas oficinas, movimentavam as cidades e morriam nas batalhas – eram lembradas apenas como números nas páginas dos livros, e, às vezes, nem isso.[9] A preocupação com a história das pessoas comuns é algo relativamente novo, mas é uma perspectiva histórica que há décadas vem ganhando adeptos entre os que escrevem a História.

O historiador britânico E. H. Carr, no livro *Que é história?* (1961), afirmou que "A travessia de César daquele pequeno riacho, o Rubicão, é um fato histórico, enquanto a travessia do Rubicão por milhares de pessoas, antes ou depois dele, não interessa absolutamente a ninguém".[10] Já Trevor-Roper negou milhares de anos de história africana e a importância histórica dos povos que lá viviam ao defender que a África "não é uma parte histórica do mundo, não há movimento ou desenvolvimento lá para ser exibido, há somente a história dos europeus na África. O resto é escuridão".[11] Hoje, essas afirmações feitas em obras publicadas nos anos 1960 são consideradas obsoletas e de uma visão bastante limitada. De fato, há um esforço por parte de diversos historiadores de explorar novas formas de estudar o passado, ampliar suas possibilidades e temas de pesquisa e conhecer um pouco mais sobre as experiências históricas das "pessoas comuns", trabalhadores, escravos, camponeses, donas de casa, "bruxas"... Esses pesquisadores se interessam por novos tipos de fontes, para além dos registros oficiais, como cantigas populares, os registros dos portos, os pequenos jornais independentes que se espalharam pelas metrópoles, os anúncios de fugas, os cordéis, receitas típicas, entre muitas outras. O destaque dado a minorias e seus vestígios se enquadra nessa perspectiva.

Do ponto de vista escolar, estudar História da maneira tradicional, com destaque para a biografia de poderosos, de grandes líderes e dos feitos daqueles que marcaram o período em que viveram e até as gerações futuras, pode até interessar a muitos alunos, fazendo com que desenvolvam certa admiração e se sintam inspirados por tais figuras. Contudo, mesmo aqui, o leque de figuras históricas deve ser diversificado. É importante, por exemplo, que os alunos tenham referências positivas de personagens negros estudados para além das narrativas de resistência à escravidão, pois, querendo ou não, esse assunto sempre remete a sofrimento, e é preciso que os alunos vejam mais do que apenas dor na História dos negros. Nesse sentido, e pensando no desafio de dar destaque e visibilidade às minorias, é interessante que os estudantes conheçam personagens inspiradores, figuras importantes do movimento negro (como Martin Luther King Jr., Angela Davis, Lélia Gonzalez e Sueli Carneiro), cientistas brilhantes (como Patricia Era Bath e Mae Jemison), escritoras de talento reconhecido (como Toni Morrison, Chimamanda Ngozi, Yaa Gyasi, Jarid Arraes e Conceição Evaristo), entre outros tantos inventores, artistas, atletas e intelectuais fascinantes. Sim, o professor pode e deve ensinar aos alunos sobre esses personagens que se destacaram, mas tomando sempre o cuidado de apresentar as condições históricas que possibilitaram seu sucesso além, é claro, dos obstáculos e preconceitos que possam ter sofrido ao longo de sua trajetória. Demonstrar aos alunos a historicidade da trajetória de grandes nomes ajuda a tornar esses personagens menos intimidadores, mais próximos da compreensão dos estudantes.

No livro *Quarto de despejo: diário de uma favelada*, publicado em 1960, a escritora negra Carolina Maria de Jesus tratou de maneira visceral sobre o cotidiano de mulheres que se pareciam com ela. Falava dos seus sonhos, da fome que sentia, da violência doméstica e do desamparo da população negra em geral, longe do alcance de políticas sociais que se preocupassem com seu bem-estar. Assim que foi lançado, o livro vendeu 10 mil exemplares em três dias; em 6 meses, as vendas totalizaram 90 mil exemplares, um recorde na literatura brasileira até então[12] e um número ainda impressionante nos dias atuais. O talento de Carolina Maria de Jesus acabou sendo reconhecido internacionalmente e sua obra chegou, em traduções, a 40 países.

Carolina nasceu em 1914, no interior de Minas Gerais. Seus pais eram analfabetos, fato comum nessa época em que 71,2% da população brasileira não sabia ler.[13] Contrariando as estatísticas e aproveitando a oportunidade que teve de estudar, ingressou na escola aos 7 anos de idade. Na juventude, tomou gosto pela leitura e fez da escrita uma companheira constante. Durante a década de 1930, São Paulo tornou-se a maior cidade brasileira, alcançando mais de 1 milhão de habitantes.[14] No mesmo período, recebeu, também pela primeira vez, mais migrantes que estrangeiros.[15] Entre os recém-chegados à procura de emprego estava Carolina, que se mudou para São Paulo após a morte da mãe. Ao competir no mercado de trabalho com as imigrantes e brancas brasileiras, as mulheres negras acabavam preteridas, sendo levadas a buscar serviços mal remunerados e socialmente menos valorizados, como os domésticos, de cozinheira, lavadeira, catadora.[16] Em São Paulo, Carolina empregou-se como doméstica, profissão que é até hoje uma das mais comuns entre as mulheres negras do Brasil.

> Em 1947, engravidou de seu primeiro filho e perdeu suas oportunidades de trabalho como empregada, pois "as patroas" não viam com bons olhos uma "mãe solteira". Sem emprego fixo e sem qualquer apoio para criar o filho, ela se mudou para a favela do Canindé e passou a trabalhar como catadora de papéis.
>
> Com esse trabalho, ela sustentaria os três filhos que teria ao todo. Em 1958, conheceu o jornalista Audálio Dantas, a quem apresentou os diários que escrevia. Na época, Dantas estava pesquisando sobre aquela favela, lar de mais de 50 mil pessoas.[17] Dantas, constatando o talento de Carolina, foi o responsável pela publicação de seu primeiro livro.
>
> O sucesso alcançado por Carolina a partir de então pôde alimentar as ambições de muitas meninas que vieram de um cenário parecido com o da autora e também sonharam ser escritoras.

Pensando no exemplo de Carolina Maria de Jesus, pouco adianta para o aluno saber que ela foi de catadora à autora de um livro de sucesso internacional, se não compreender o contexto em que ela estava inserida, o período pelo qual o Brasil estava passando e o que significava naquela época que uma mulher como ela tenha tido a chance de ter suas ideias publicadas e difundidas. É preciso olhar para a trajetória de figuras como Carolina e associá-las ao panorama geral.

Além disso, a visão de que *apenas* pessoas vitoriosas, de grandeza, importância e genialidade incomparável merecem ser estudadas na escola dificulta a percepção de que *todos*, independentemente de posição social e capacidade de liderança, podem ser *agentes históricos* e influenciar de alguma forma o meio onde vivem. Essa é uma perspectiva bastante interessante de ser adotada ao se estudar as minorias, porque remove os indivíduos do papel de seres inertes que sofriam sob o domínio de uma maioria opressora sem resistir ou modificar minimamente o espaço à sua volta, como se esperassem por um líder para guiá-los à liberdade ou simplesmente que a sociedade se modificasse através de uma evolução comportamental espontânea.

Assim, discutir com os estudantes sobre a importância da *agência humana* é reconhecer que, embora ao longo da história inúmeras estruturas de dominação tenham limitado certas ações de grupos minoritários, é possível modificá-las e até superá-las através de diversos e contínuos atos de resistência. A luta contra a opressão surgiu desde que os primeiros grupos oprimidos tomaram consciência da sua situação e do seu poder conjunto para modificar o ambiente ao seu redor, seja com revoltas organizadas, atos deliberados de desobediência ou pequenos atos individuais de transgressão, que poderiam ser reproduzidos por outros na mesma condição.[18]

Ao falarmos nas escolas sobre pessoas que se parecem mais conosco, as "pessoas comuns", temos a possibilidade de aproximar o processo de aprendizado da vivência dos alunos, dando a todos a sensação de que o passado também é construído por pessoas com "vidas ordinárias". Conseguimos lembrá-los de que há uma história da qual nossos pais, avós ou gerações ainda mais longínquas fizeram parte, o que os ajuda a compreender quem eles são hoje. Por isso, é necessário acentuar que a história não é resultado apenas da ação individual de figuras celebradas, mas consequência da soma dos atos e experiências de todos os atores históricos, inclusive daqueles que "o livro apagou" como cantou a Mangueira.

TRABALHANDO COM MINORIAS, SUAS AÇÕES E SEUS MOVIMENTOS

Há diversos grupos minoritários que merecem destaque no curso de História, mas como professores conhecemos as dificuldades presentes na hora de montar um plano de aula que contemple os assuntos que consideramos relevantes e ainda cumprir com o cronograma pedagógico. Por isso, a escolha sobre quais minorias serão abordadas e em qual contexto histórico deve ser feita a partir da observação das peculiaridades de cada região, das demandas trazidas pelos alunos, pela comunidade escolar e a atentando-se à base curricular relativa a cada ano. Dessa forma, é possível traçar um planejamento mais plural e assertivo.

Estudar as minorias nas escolas deve ocorrer não apenas por uma questão de representatividade, mas porque elas são historicamente importantes. Por isso é primordial identificar a força de atuação dos grupos minoritários dentro da história do país e mostrar que as minorias são mais do que os ícones eleitos por essa ou aquela militância. Quando falamos sobre grupos que se articularam em movimentos sociais, é extremamente sedutor buscarmos algumas figuras que se tornaram referência dentro de cada movimento e explorá-las em sala de aula. Por exemplo, é quase impossível não mencionar referências históricas do movimento negro como Zumbi, Dragão do Mar ou Luiz Gama. Essas figuras foram realmente lideranças importantíssimas que merecem destaque, porém corremos dois riscos ao seguirmos *apenas* por essa trilha.

O primeiro é o de sempre associar o estudo das minorias "aos mesmos assuntos": por exemplo, ao falarmos sobre personalidades negras que se destacaram na história, estas acabam sendo sempre as associadas à luta contra a escravidão; as figuras femininas parecem só ter destaque quando eram piedosas ou escandalosas[19] e, com exceção de Cleópatra, nomes de mulheres parecem só surgir nos livros didáticos durante os protestos pelo voto feminino. E além de as figuras mais conhecidas pertencentes às minorias e que aparecem nos livros didáticos, quando aparecem, sempre serem associadas "aos mesmos assuntos", elas também são lembradas relacionadas geralmente a momentos muito pontuais e determinados períodos históricos: por exemplo, os indígenas são relegados ao período inicial da colonização portuguesa no Brasil, quase desaparecendo nos séculos seguintes; e os homossexuais são quase inexistentes nos textos utilizados em sala de aula, quando muito, os professores de História mais cultos fazem uma referência a práticas homossexuais durante a Antiguidade Clássica.

O segundo risco é repetir a lógica da historiografia tradicional, exaltando as habilidades ditas extraordinárias de alguns e individualizando a experiência histórica. Para ajudar os alunos a compreender melhor a atuação dos grupos minoritários ao longo da história não basta expandir os nomes que aparecem nos livros, incluindo figuras mais desconhecidas do público geral, quase a título de curiosidade. (É muito comum encontrarmos listas que falam sobre "10 mulheres negras que você precisa conhecer", "20 mulheres que fizeram história" e outras variações do tipo. Por questões relacionadas ao modo de consumo rápido que muitos leitores procuram na internet, essas listas, em geral, trazem apenas uma breve biografia das figuras selecionadas e exaltam seu exemplo. Mas não é esse tipo de conteúdo que deve ir para sala de aula, pelo menos não de forma tão rasa.) Por maior que tenha sido a contribuição de figuras emblemáticas, pioneiras e revolucionárias como Rosa Parks, Nísia Floresta, Laudelina de Campos, Antonieta de Barros ou Amelinha Teles, não é conveniente individualizar a experiência dos grupos dos quais essas mulheres fizeram parte e estudá-los apenas através das biografias de suas expoentes famosas. Essa abordagem previne também uma espécie de "representatividade vazia", que ocorre quando os professores falam sobre figuras históricas que pertenciam à determinada minoria apenas para sentirem que cumprem o papel de trazer a "pluralidade" para sala de aula.

Desenvolver uma aula focada apenas na biografia de determinada figura, pertencente a um grupo minoritário, não é suficiente para contemplar a necessidade dos alunos de se sentirem representados, compreenderem o momento em que esse personagem viveu e a importância social do grupo do qual fez parte.

Assim, biografias são um material valiosíssimo, mas, quando utilizadas, é preciso ter o cuidado de deixar claro que nenhum sujeito ganha destaque histórico e se torna líder apenas por uma simples questão de talento e força de vontade. Essas pessoas poderiam possuir habilidades militares, estratégicas, empreendedoras, de liderança ou de mobilização das massas excepcionais, mas não são essas características isoladas que devem ser estudadas prioritariamente, e sim a sucessão de fatores e o movimento das massas que permitiu que tal figura surgisse. O ambiente e o momento histórico em que atuaram, o papel social do grupo do qual faziam parte, a força política deste e especialmente os acontecimentos políticos e sociais do período e seus desdobramentos – são todos elementos que precisam ser estudados em conjunto.

O destaque a determinados indivíduos deve ser apenas uma das formas de trabalharmos assuntos relacionados a grupos minoritários, e não a regra. Por mais que se fale hoje sobre a representatividade de uma forma muito individualista e estética, ela pode surgir de várias maneiras e não apenas na exaltação de uma figura icônica; é mais seguro que surja do coletivo, pois é assim que as minorias ganham força e deixam marcas na história.

Mais uma vez: ensinar sobre minorias em sala de aula não é apenas uma questão de mudar o foco da narrativa histórica de uma figura mais "tradicional" para personagens menos conhecidos. Devemos deixar claro para os alunos que os avanços obtidos pelas minorias nas conquistas de liberdade, reconhecimento social e direitos de cidadania só foram possíveis através de ações coletivas. Assim, é claro que o professor pode destacar a importância de Zumbi e de toda simbologia em torno do quilombo dos Palmares quando trabalha com os alunos a questão da resistência à escravidão, mas deve tomar cuidado para não abordar essa figura e o quilombo com ares quase místicos ou de exoticidade, como se nada do tipo fosse concebível naquele período e sem a liderança de Zumbi. Afinal, o reduto resistiu durante quase cem anos, teve outros líderes e muitos habitantes que permitiram a manutenção e expansão do quilombo. Além disso, embora Palmares tenha sido de fato o maior quilombo do Brasil, ele não foi o único, houve diversos outros. Apenas na região de Minas Gerais, o historiador Carlos Magno Guimarães conseguiu listar 116 quilombos no século XVIII; já o pesquisador Stuart B. Schwartz listou 35 na Bahia entre os séculos XVII e XIX; e por todo Brasil existiram muitos mais. Com um pouco de pesquisa, seria possível até trabalhar com os alunos tratando de quilombos que existiram, e podem ainda existir com outras características, próximos à região da própria escola. Uma abordagem como essa seria riquíssima para alunos e professores. Conhecer a importância numérica e social desses locais e saber que eles não se extinguiram com o fim da escravidão aumentam a percepção dos alunos sobre o poder de ação dos escravizados e como o passado influencia o presente.

Ainda no assunto das formas de resistência dos cativos durante o período da escravidão, é interessante destacar também pequenos atos que mostravam que os escravizados não eram passivos frente à situação em que viviam. Entre as ações corriqueiras de resistência estão as fugas, a perpetuação das línguas africanas, a manutenção de costumes originários da África e os inúmeros casos de desobediência (como o que ocorreu no Engenho Benfica, na Bahia, onde os escravos do conde Subaé recusaram-se a trabalhar durante três dias, e não obedeceram às ordens do feitor para que realizassem a limpeza da plantação de cana, mesmo sendo punidos com violência).[20] Já nos exemplos mais extremos e menos cotidianos, temos o assassinato de senhores, abortos e suicídios (como os que ocorreram em massa em alguns navios negreiros, mas também como eventos isolados em resposta aos maus-tratos e às humilhações sofridas no cativeiro).

Adentrando em situações mais complexas, poderiam ser citadas as diferentes relações pessoais que podiam existir entre senhores e escravizados. Passando pela existência de arranjos, sexuais ou não, que podiam ser orquestrados pelos próprios escravizados visando a melhorias em sua condição de vida, até o caso das quitandeiras e dos demais escravos de ganho que circulavam pelas cidades com a autorização dos seus senhores e que, com o acúmulo de pecúlio, muitas vezes puderam comprar sua própria liberdade.

Por último, não podemos deixar de citar algumas revoltas que tiveram como objetivo não apenas a liberdade individual, mas de grupos inteiros, como foi o caso da Revolta dos Malês, da Balaiada, da Cabanagem e da paralisação dos jangadeiros no Ceará, movimento que tomou proporções tão grandes que serviu como estopim para que a província fosse a primeira no país a abolir a escravidão em 1884. Tomando como ponto de partida esses eventos, que já estão entre os temas curriculares do ensino médio, é possível mostrar que, através da organização coletiva, os membros das minorias lutaram contra as estruturas de opressão.

Assim como os membros de qualquer outra minoria, quitandeiras, escravizados na lavoura, escravos de ganho e os jangadeiros da revolta cearense não existiram apenas como espectadores, eles agiram nos contextos citados e, dentro das suas possibilidades, contribuíram para os avanços do grupo do qual faziam parte.

Por isso, reduzir algo tão significativo quanto a Abolição a um ato jurídico conduzido pela benevolência da princesa Isabel, como se fez durante muito tempo, é, além de simplista, uma visão deturpada do cenário real. É ignorar o fato de que, quando a Lei Áurea foi assinada, cerca de 90% da população negra no Brasil já havia conquistado sua alforria,[21] e para que esse cenário fosse possível, houve uma trajetória muito longa de luta.

Além das questões da escravidão e da abolição, é possível explorar inúmeros outros assuntos relativos à atuação negra na história do país e, por exemplo, relacioná-los a demandas atuais do Movimento Negro, como a denúncia da violência institucional contra a população negra e pobre – ela não é invenção de movimentos como "Vidas Negras Importam", já podia ser observada em eventos como a Revolta da Chibata, em 1910.

Questões como a população negra ser majoritária, mas ainda assim uma minoria social, bem como a sua má remuneração e o fato de o Brasil ser o país com a maior população de empregadas domésticas no mundo[22] podem ser entendidas ao olharmos para o passado: observando, por exemplo, as relações de trabalho e a tentativa de branqueamento do país após o fim da escravidão. Os negros em geral, mas especificamente as mulheres negras, tinham maior dificuldade em conseguir emprego, devido à preferência dos patrões por contratar mão de obra branca.

Para que os alunos compreendam por que é tão importante para a comunidade negra a valorização dos seus traços físicos e a celebração das manifestações culturais afro-brasileiras, é interessante trazer para sala, por exemplo, discussões sobre as teorias eugenistas do século XX ou apresentar-lhes documentos como o Código Penal de 1890, no qual é possível perceber a perseguição da capoeira e, de forma menos explícita, das religiões de matriz africana e outras práticas típicas da população negra que foram associadas à "vadiagem".[23]

As tão polêmicas "ações afirmativas" podem ser explicadas aos alunos traçando o longo antecedente de desigualdade racial no Brasil, mostrando que elas não se baseiam em "vitimismo", como alegam alguns críticos, mas em fatos históricos reconhecidos como promotores dessa desigualdade. Ao tratar da questão das políticas de cotas, é preciso destacar que elas não surgiram por vontade espontânea dos governos, mas devido a uma combinação de fatores, entre eles o aumento de pessoas negras atuando no cenário político e a pressão de grupos organizados em movimentos como a Marcha Zumbi dos Palmares,[24] que cobraram políticas públicas em prol da população negra.

É POSSÍVEL

Há muitas formas de tratar das minorias como atores históricos reforçando seu papel de agentes transformadores; cabe ao professor selecionar o grupo com o qual deseja trabalhar e o recorte que acredita ser mais adequado para sua turma.

É possível encontrar inúmeros exemplos de grupos específicos de mulheres, negros, indígenas, migrantes etc. que merecem atenção nas aulas de História. Poderíamos falar sobre os boias-frias, as trabalhadoras domésticas, as operárias da indústria têxtil do início do século XX... Por que não dar visibilidade aos capoeiristas – tão presentes em diversas cidades do Brasil até hoje –, que já foram perseguidos pela lei,[25] mas mantiveram-se firmes fazendo da mistura de dança com luta uma forma de trabalho, resistência e símbolo de ancestralidade? Que tal apresentar aos alunos os çacoaimbeguiras e tibiras? "Çacoaimbeguira" e "tibira" são termos utilizados pelos tupinambás, e alguns outros grupos indígenas, para designar pessoas que não se identificavam com seu sexo biológico[26] e adotavam práticas e identidades visuais do gênero com o qual se sentiam compatíveis. As çacoaimbeguiras, por exemplo, adotavam a aparência masculina, cortavam seus cabelos, andavam junto aos homens, caçavam, iam à guerra e se casavam com mulheres. Çacoaimbeguiras e tibiras faziam parte da comunidade sem sofrer punições ou serem isolados do grupo. São exemplos ilustrativos da existência de diferentes visões sobre gênero e sexualidade em terras brasileiras já antes da colonização europeia.

Não faltam exemplos de grupos que merecem presença nas aulas. O importante é saber que dar visibilidade a minorias como agentes históricos, protagonistas capazes de impulsionar mudanças sociais, permite ao aluno perceber-se como agente histórico, observar a força da coletividade e reconhecer a influência social, política e cultural de grupos do passado em seu próprio presente. Isso também pode fazer com que alguns alunos que antes não se reconheciam nos temas curriculares tradicionais se sintam mais próximos da matéria estudada e mais representados nas aulas de História. A partir disso, é possível despertar discussões ricas e aprofundadas entre os alunos, para além de assuntos vistos apenas para "trazer representatividade".

Notas

[1] Michelle Perrot, *Minha história das mulheres*, São Paulo, Contexto, 2009.
[2] Peter Demant, "Direitos para os excluídos", em Jaime Pinsky e Carla Bassanezi Pinsky (orgs.), *História da cidadania*, São Paulo, Contexto, 2005.
[3] Luiz de Gonzaga Mendes Chaves, "Minorias e seu estudo no Brasil", em *Revista de Ciências Sociais*, Fortaleza, v. 1, n. 1, p. 149-68, 1970.
[4] Clara Cerioni, "Brasil tem recorde de pré-candidatos LGBT às eleições 2020", em *Exame*, São Paulo, 25 jul. 2020. Disponível em: <https://exame.com/brasil/brasil-tem-recorde-de-pre-candidatos-lgbt-as-eleicoes-2020/>. Acesso em: 11 nov. 2020.
[5] Exemplos de publicações voltadas a um público específico, sendo o primeiro um jornal voltado ao público homossexual na década de 1970 e o segundo um jornal que se propunha a ser "o órgão do homem de cor" no Brasil entre os anos 1888 e 1889.
[6] Brasil, *Parâmetros curriculares nacionais: introdução aos parâmetros curriculares nacionais*, Brasília, Ministério da Educação, Secretaria de Educação Básica, 1997.
[7] Brasil, *Ciências humanas e suas tecnologias*, Brasília, Ministério da Educação, Secretaria de Educação Básica, 2006, p. 25.
[8] "Sujeitos", no sentido dado por E. P. Thompson, "Agency and Choice", em *The New Reasoner*, Summer 1958.
[9] Jim Sharpe, "A história vista de baixo", em Peter Burke (org.), *A escrita da história: novas perspectivas*, São Paulo, Ed. Unesp, 2011.
[10] Apud Jim Sharpe, op. cit., p. 61.

[11] Finn Fuglestad, *The Trevor-Roper Trap or the Imperialism of History: an Essay*, Cambridge, Cambridge University Press, 1992, p. 311.
[12] Gilmar J. Penteado, *Estética da vida no limite: autenticidade, ponto de vista interno, testemunho e valor literário em Quarto de despejo (Diário de uma favelada)*, Tese de Doutorado em Literatura Brasileira, Universidade Federal do Rio Grande do Sul, Porto Alegre, 2018.
[13] Ana Emília Cordeiro Souto Ferreira e Carlos Henrique de Carvalho, "O ensino primário como propaganda do projeto de formação das Associações Cristãs de Moços no Brasil (1893-1929)", em *Revista Brasileira de Estudos Pedagógicos*, Brasília, v. 98, n. 249, maio-ago. 2017.
[14] Silvia Helena Zanirato, "São Paulo 1930/1940: novos atores urbanos e a normatização social", em *Revista História Social*, Campinas, n. 7, pp. 241-64, 2000.
[15] "Brasileiros na hospedaria: a década de 1930 – um período de transformações", em *Blog do Museu da Imigração do Estado de São Paulo*, São Paulo, 22 jul. 2020. Disponível em: <http://museudaimigracao.org.br/public/en/blog/conhecendo-o-acervo/brasileiros-na-hospedaria-a-decada-de-1930-um-periodo-de-transformacoes#:~:text=A%20d%C3%A9cada%20de%201930%20representou,Nordeste%2C%20superaram%20as%20de%20estrangeiros>. Acesso em: 12 nov. 2020.
[16] Maria Izilda Matos e Andrea Boreli, "Espaço feminino no mercado produtivo", em Carla Bassanezi Pinsky e Joana Maria Pedro (orgs.), *Nova História das mulheres no Brasil*, São Paulo, Contexto, 2013.
[17] Gilmar J. Penteado, op. cit.
[18] E. P. Thompson, op. cit.
[19] Michelle Perrot, op. cit., p. 18.
[20] Walter Fraga, *Encruzilhadas da liberdade: histórias de escravos e libertos na Bahia (1870-1910)*, Rio de Janeiro, Civilização Brasileira, 2014, p. 43.
[21] Dirley Fernandes, *O que você sabe sobre a África: uma viagem pela história do continente e dos afro-brasileiros*, Rio de Janeiro, Nova Fronteira, 2016, p. 70.
[22] Preta-Rata, *Eu, empregada doméstica: a senzala moderna é o quartinho de empregada*, Belo Horizonte, Letramento, 2019.
[23] Brasil. Código Penal de 1890. Decreto nº 847, de 11 de outubro de 1890.
[24] Bebel Nepomuceno, "Protagonismo ignorado", em Carla Bassanezi Pinsky e Joana Maria Pedro (orgs.), *Nova História das mulheres no Brasil*, São Paulo, Contexto, 2013.
[25] Janine de Carvalho Ferreira Braga e Bianca de Souza Saldanha, "Capoeira: da criminalização no Código Penal de 1890 ao reconhecimento como esporte nacional e a legislação aplicada", em *Direito, Arte e Literatura II: XXIII Congresso Nacional do Conpedi*, Fortaleza, Conpedi, 2014.
[26] Luiz Mott, "Etno-história da homossexualidade na América Latina", em *Seminario-Taller de Historia de las Mentalidades y los Imaginarios*, Pontificia Universidad Javerina de Bogotá, Colômbia, Departamento de História e Geografia, 1994.

Sugestões de leitura e de obras audiovisuais

BURKE, Peter. *A escrita da história: novas perspectivas*. São Paulo: Ed. Unesp, 2011.
Embora o livro como um todo seja importante para professores de História por explicar algumas das tendências metodológicas e da prática historiográfica, indico especialmente o capítulo escrito por Jim Sharpe intitulado "A história vista de baixo". Em poucas páginas, o autor explica por que e como é importante estudar a história das "pessoas comuns". Entender essa linha historiográfica é fundamental para poder observar as minorias como sujeitos históricos.

FERNANDES, Dirley. *O que você sabe sobre a África*: uma viagem pela história do continente e dos afro-brasileiros. Rio de Janeiro: Nova Fronteira, 2016.
Inspirado nos oito volumes que compõem a coleção "História Geral da África", da Unesco, esse livro é dividido em duas partes, "A África" e "O Brasil africano". Nele o autor faz uma breve introdução à História da África e foca principalmente as contribuições dos africanos para o desenvolvimento nacional. A obra tem uma linguagem bastante acessível e pode ser utilizada tanto por professores quanto diretamente pelos alunos.

PINSKY, Carla Bassanezi; PEDRO, Joana Maria (orgs.). *Nova História das mulheres no Brasil*. São Paulo: Contexto, 2013.
É uma obra riquíssima em referências para professores que desejam trabalhar a História das mulheres com seus alunos. Chamo a atenção para os capítulos sobre mulheres negras no século XX ("Protagonismo ignorado", de Bebel Nepomuceno) e sobre indígenas ("Depoimento de uma militante", assinado por Azelene Kaingang).

História de ninar gente grande – samba-enredo da Estação Primeira de Mangueira, 2019.
Nesse samba-enredo, a Mangueira celebrou as pessoas comuns e a atuação de minorias sociais na construção da história do país (desde moradores de periferias, personagens do movimento negro até pessoas LGBTQI+). Para trabalhar com os alunos as representações visuais desenvolvidas pelos carnavalescos, é possível selecionar algumas fotografias do desfile (ou mesmo recorrer ao vídeo, caso seja possível exibi-lo aos estudantes) e associá-las aos versos da letra. Este material é de fácil acesso e linguagem simples.

O perigo de uma história única – palestra proferida por Chimamanda Ngozi Adichie no TEDGlobal, Oxford, jul. 2009.
Nessa palestra, a escritora nigeriana Chimamanda Ngozi Adichie discorre sobre quão raso pode ser o nosso conhecimento quando nos prendemos a narrativas únicas que abrangem apenas o senso comum sobre determinadas pessoas, locais e grupos. Ela explica, de forma muito didática, os problemas causados pela perpetuação de estereótipos e mostra como o acesso a fontes plurais pode transformar a maneira como enxergamos o mundo. O vídeo da palestra pode ser utilizado em sala ou ser recomendado aos alunos para que assistam em casa.

Clarissa de Araújo Barreto

Alex Degan

é professor do Departamento de História e coordenador do Laboratório de Estudos das Histórias Asiáticas (LEHAs) da Universidade Federal de Santa Catarina (UFSC). Doutor em História Social pela Universidade de São Paulo (USP). Trabalha com questões ligadas à Ásia, à História das religiões e ao ensino de História.

A Grande Ásia e o ensino de História

As primeiras décadas do século XXI ressaltaram, de modo incontestável, a relevância da Ásia. Seis em cada dez pessoas no mundo contemporâneo são asiáticas. Três das cinco primeiras economias também são do continente (China, Japão e Índia), e a criação da Parceria Econômica Regional Abrangente (Regional Comprehensive Economic Partnership – RCEP), em 2020, inaugurou um bloco econômico fortíssimo na região do Pacífico. Politicamente, Índia e China emergiram como potências importantes, influenciando assuntos geopolíticos para além de seus tradicionais abarcamentos regionais.

Nos noticiários e jornais cotidianos tal relevância é evidente: a guerra comercial entre chineses e estadunidenses capturou a atenção de mercados e corpos diplomáticos mundialmente, e a pandemia de covid-19, que evidenciou novas questões abertas pela globalização, reafirmou a Ásia como o centro dos debates entre políticos, epidemiologistas, historiadores e economistas em torno de assuntos tanto logísticos (a maioria dos centros produtores de equipamentos médicos e de vacinas se localiza na Ásia) quanto ideológicos (as acusações envenenadas acerca da origem geográfica do vírus).

No Brasil, existem grandes colônias de imigrantes japoneses, libaneses e sírios, com relevantes ondas de recentes imigrações de chineses e coreanos. Na última década, a China consolidou-se como o nosso maior parceiro econômico, com um saldo superavitário para os brasileiros que encontraram no país asiático o principal destino para as exportações de *commodities* como a soja, o minério de ferro, a celulose e a proteína animal. Dos celulares ultratecnológicos aos simples cordões com luzinhas de decorações natalinas, os brasileiros seguem comprando efusivamente produtos *made in Asia*. No campo cultural, grupos musicais de *K-POP* causam frisson entre os adolescentes brasileiros, assim como *mangás*, *animês* e *games* japoneses são extensamente consumidos. Os conflitos entre israelenses e palestinos ainda capturam a atenção da mídia e das agendas políticas de partidos de esquerda e direita, assim como o "perigo do comunismo chinês" encontrou formulações na retórica de lideranças nacionalistas. Em resumo, o Brasil encontra-se profundamente entrelaçado por interesses e histórias do continente asiático.

Curiosamente, o crescimento da importância política, econômica e cultural da Ásia ainda não encontrou um lugar adequado dentro da educação brasileira, seja no ensino básico, seja no superior. Escassos são os materiais didáticos, os cursos de formação e os especialistas nas diversas histórias asiáticas, situação preocupante diante dos desafios que o Brasil enfrenta neste começo de século. Desse modo, nos colocamos a seguinte indagação: é possível ou desejável que os estudantes brasileiros continuem ignorando a História da Ásia?

Se nos valermos da documentação oficial, a resposta é sim. A Base Nacional Comum Curricular (BNCC), um importante documento normativo homologado em 2018 e que estabelece direitos de aprendizagem relativos a todos os cidadãos brasileiros, é taxativa. Logo no primeiro procedimento básico que orienta todo o ensino fundamental de História, observamos que seus componentes curriculares devem primar "pela identificação dos eventos considerados importantes na história do Ocidente (África, Europa e América, especialmente o Brasil), ordenando-os de forma cronológica e localizando-os no espaço geográfico".[1] Todas as histórias asiáticas são, portanto, marginalizadas, figurando, quando muito, enquanto acessórios exóticos e luxuosos da evolução histórica do Ocidente.

Tradicionalmente, o ensino da História Escolar no Brasil foi pensado dentro de uma lógica que supervalorizou uma trajetória ocidental na narrativa. Iniciada com a colonização portuguesa na América, a História Brasileira teria sentido atrelado aos eventos da expansão marítima lusitana e aos avanços do capitalismo europeu. Esses movimentos tornariam, pela primeira vez, encadeadas as histórias africanas, americanas e asiáticas sob a batuta europeia, ativa e dominadora. Essa compreensão do processo histórico, reconhecida como *eurocêntrica*, é coerente e racional dentro de sua lógica etnocêntrica. Dessa forma, Brasil, Angola, Filipinas e Índia entrariam na narrativa histórica apenas quando instituídos pelas ações ocidentais com suas "descobertas" e "missões civilizatórias".

> **EUROCENTRISMO**
>
> *Eurocentrismo* é um conceito contemporâneo extensamente debatido dentro dos chamados Estudos Póscoloniais. Em linhas gerais, deve ser entendido como uma espécie de *etnocentrismo*, ou seja, uma visão de mundo que faz com que diferentes grupos humanos compreendam o "seu estar no mundo" baseados exclusivamente em seus próprios juízos e valores culturais. Assim, não apenas os traços internos de um grupo são lidos através dos elementos fornecidos por sua identidade, como também as realizações culturais e históricas de outros povos. Entretanto, ao contrário de outros etnocentrismos, o eurocentrismo se consolidou, desde o século XIX, como um grande paradigma que organizou, explicou e legitimou todas as outras histórias dentro de uma narrativa explicitada pelas realizações dos povos europeus ocidentais. O eurocentrismo, portanto, pode ser identificado em diversos discursos (na literatura, na ciência, na indústria cultural, nos mecanismos de governança) como uma forma de produzir imagens e conhecimentos a partir de valores éticos, religiosos e padrões científicos europeus que servem para justificar a posição destacada do Ocidente dentro da História humana.

Inúmeros são os limites dessa interpretação. Os indígenas, por exemplo, viram suas agências históricas excluídas ou esvaziadas, quando muito reduzidas ao papel de figurantes na construção da História do Brasil. O mesmo se verifica com as múltiplas histórias africanas, reduzidas em quadros uniformes e complementares do avanço europeu. Apesar de algumas conquistas importantes, como a obrigatoriedade do ensino das Histórias e culturas africanas, afro-brasileiras e indígenas (Lei n. 11.645/08), muito ainda necessita ser debatido e construído no campo de políticas educacionais mais inclusivas e honestas que promovam uma alteração crítica dessa posição subalterna, alimentada pela subordinação da História ao ímpeto construtor de uma ideia do "ser nacional" atrelada ao Ocidente.

Como proposta de superação, um exercício pedagógico possível encontra-se no reconhecimento dessas potenciais "outras Histórias", fomentando conexões e comparações que podem ensinar pelos contrastes, pelas tensões e pelas saídas imaginativas provocadas. Por exemplo, a chegada dos navegadores Cristóvão Colombo na América, em 1492, e de Vasco da Gama em Calicute, em 1498, são acontecimentos importantes e seguidamente estudados por todos os alunos brasileiros. O sonho de Colombo era recolher riquezas inimagináveis no reino do Grande Khan para promover exércitos que possibilitassem a vitória do cristianismo, principalmente nas "cidades santas" da Palestina. Vasco da Gama, mais pragmático, almejava abarrotar os porões de seus navios com especiarias, circunavegando a África e cruzando o oceano Índico até atingir a Costa de Malabar, na Índia. Ambos os experientes navegadores desejavam chegar à Ásia, desenhada como uma terra de maravilhas e tesouros colossais por uma tradição narrativa alimentada por Heródoto e Marco Polo. Entretanto, se nos valermos dos estudos sobre as sociedades indianas do período, compreendemos que o subcontinente indiano era o centro nervoso de uma rede de trocas comerciais incomparável, concatenando regiões da África Oriental, do golfo Pérsico, do mar da Arábia, da Ásia Central, da China e do sudeste asiático. O colossal feito português foi, aos olhos dos locais, mais uma empreitada comercial estabelecida com novos navegantes vindos do Oeste. Assim, conhecer um pouco das histórias asiáticas enriquece muito nossos horizontes de interpretação histórica.

A ÁSIA E O ENSINO DE HISTÓRIA NO BRASIL

Mas do que estamos falando exatamente quando pensamos em Ásia? Em linhas gerais, as diversas histórias asiáticas aparecem na cultura histórica brasileira relacionadas à ideia de Oriente. Em conjunto com seu par conceitual, o Ocidente, essa ideia relaciona compreensões geográficas com acepções políticas e culturais em quadros sempre mutáveis. Foram os assírios que durante o segundo milênio a.C. criaram uma distinção meramente espacial, apontando uma região nomeada como *Asu* ("terra do Sol nascente"), e outra chamada *Ereb* ou *Irib* ("terra do Sol poente"). Não existia uma fronteira natural entre as duas nem características físicas próprias de suas ecologias e sociedades. Foram os antigos gregos que, desde os escritos de Heródoto, tornaram essa distinção profundamente antagônica. Os povos orientais foram percebidos como múltiplos e riquíssimos, portadores de tradições respeitáveis e antigas; entretanto, os espetaculares tesouros e sabedorias asiáticas eram controlados por poucos déspotas, reis absolutos que oprimiam as liberdades de seus súditos, retratados pelos gregos como servos acovardados. O protótipo perfeito se encontrava na descrição do persa, um grande "outro" mobilizado em um império forte e conquistador. Em contraste, as terras gregas eram mais humildes economicamente, mas vistas como muito superiores em suas corajosas ações pela manutenção da liberdade. Grosseiramente, essas formulações seriam herdadas pelos romanos e pelos cristãos ocidentais, auxiliando na construção de identidades fluidas e maleáveis que atravessariam a Idade Média.

Um primeiro exercício didático bastante interessante é explorar tanto a inexatidão das fronteiras geográficas quanto as soluções culturais subjetivas encontradas nas tentativas de defini-las. É bom deixar claro para os alunos que as definições de Oriente e Ocidente são arbitrárias, pois como a Terra é uma esfera rotativa as demarcações de leste e oeste necessitam de uma convenção de referência. Também vale destacar que a Geografia enfrenta problemas em apontar as claras fronteiras da Ásia. Com a Oceania os limites são confusos, permanecendo uma compreensão de "região do Pacífico" como saída integradora. Já a linha divisória com a Europa revela-se também problemática. Se, no Mediterrâneo, o estreito de Bósforo surge como limite imediato entre os dois continentes, mais ao norte a situação se complica, com prolongamentos que cruzam a Rússia entre os rios Don e Volga e os Montes Urais. Em outros termos, o próprio continente europeu apresenta-se como um prolongamento da Ásia, lançando-se como uma península no Atlântico.

Se a solução geográfica manifesta algumas zonas cinzentas, as limitações históricas e políticas são ainda mais confusas. Por exemplo, a distinção entre Oriente e Ocidente foi cunhada para ser imprecisa, guardando uma plasticidade que deve ser reconstituída em seus contextos históricos. Inicialmente, as atividades imperialistas britânicas no subcontinente indiano, entre os séculos XIX e XX, fixaram na Índia e na Inglaterra seus pontos de referência. Oriente Próximo, Médio e Extremo eram mensurados nessa geopolítica pela régua que marcava sua proximidade ou distância com relação a Londres. Ao mesmo tempo, algumas nações formadoras do antigo Império Otomano foram percebidas pelos europeus como partes de uma região cultural delineada pelo islamismo: o Oriente Médio. Aqui, a religião muçulmana seria a fonte do entrelaçamento entre o norte da África e a Ásia mediterrânica. Objetivamente, enquanto a Ásia foi desenhada como um continente com fronteiras geográficas plásticas, o Oriente foi instituído através de fórmulas culturais imprecisas. A perspectiva criadora de ambos nasceu da Europa e do seu desejo de construir para si um sentimento de excepcionalidade, demarcando uma linha *orientalista* útil para segregar a "civilização ocidental" de partes da África e da Ásia.

ORIENTALISMO

Polêmico conceito criado pelo crítico literário palestino-americano Edward W. Said que defende que a ideia de Oriente foi uma criação do Ocidente europeu, formando um "outro ontológico". Essa concepção – fruto de longos processos históricos e expressa em formulações intelectuais, mecanismos de governança, padrões estéticos e estilos de pensamento – alimentaria um discurso fundamental para a construção

> de uma identidade ocidental (em oposição à oriental), para a sustentação de assimetrias que informam e legitimam as intervenções imperialistas na Ásia e para o reforço de estereótipos que afirmam que "o misticismo", "a luxúria", "a riqueza", "a corrupção e a obediência pueril" seriam características inerentes aos povos orientais. Tal compreensão – explica Said – acabou por ser interiorizada por alguns pensadores asiáticos e naturalizada em estudos acadêmicos que fundaram as áreas da Sinologia, do Arabismo e da Indologia em universidades ocidentais.

Recomendamos aos professores que explorem essas tensões em suas aulas, aproveitando as confusões presentes nos documentos normativos (como a BNCC) e nos materiais didáticos. Geograficamente, o Reino Unido está mais ao leste do que o Marrocos e a Mauritânia, países africanos relacionados com o islâmico Oriente Médio. Culturalmente, grupos de artistas, intelectuais e políticos do Japão, Israel e Rússia trabalham suas modernas identidades nacionais, discutindo formulações, disputas e impasses que flutuam entre o Oriente e o Ocidente. Historicamente, as regiões mais urbanizadas e cosmopolitas do Império Romano se localizavam na antiga província da Ásia, correspondente hoje ao litoral da Turquia, e não nos territórios longínquos e pouco conhecidos da Escandinávia e do norte da Alemanha. Em outras palavras, na Antiguidade os centros da "boa vida urbana e civilizada" estavam fincados nos litorais do que hoje compreendemos como Oriente Médio, e não no coração da atual Europa do Norte. Em diversidade histórica, cultural e ecológica, a Índia e a China são comparáveis aos outros continentes, e não a países como Uruguai e Suécia. Então, por qual motivo delineamos a Europa como um *continente* e a Índia como parte de um *subcontinente*? Ao levantarmos tais questionamentos podemos evidenciar a historicidade das escolhas feitas, assim como as posições políticas presentes em assuntos percebidos como "neutros", como a Cartografia.

É impossível refletir sobre as ideias de Ásia ou de Oriente sem relacioná-las aos mecanismos de histórias maiores, mundiais, que nos conectam aos horizontes europeus, africanos e americanos. Por exemplo, para pensadores importantes da modernidade europeia, a Ásia foi "o grande contraponto" na edificação da identidade da Europa. Adam Smith, Hegel e Marx desenharam uma região geográfica (Ásia) e cultural (Oriente) como "o ponto de partida da história da humanidade", mas também como o espaço do "atraso econômico" e do "despotismo oriental", imagens perfeitas para contrastar com o "racional" Estado-nação e o "avançado" capitalismo liberal. Dessa maneira, a Ásia figurou por muito tempo como um território físico e cultural estranho, cuja unidade seria custeada pela sua compreensão enquanto "não Europa".

Mapa da Ásia e de suas sub-regiões

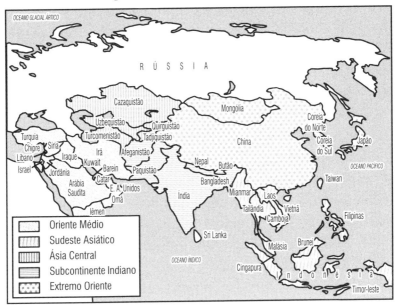

O PAN-ASIANISMO

No século XIX, com as expansões imperialistas de europeus e estadunidenses, a experiência de alteridade provocou em diversos pensadores e políticos asiáticos uma necessidade de refletir sobre o continente. Antes, esse tema não estava presente nas mais diversificadas tradições intelectuais, das árabes às chinesas. Nem mesmo havia uma palavra similar nas línguas nativas para "Ásia". Imperava uma multiplicidade de definições: *Zhongguo* aparece em textos chineses já no período dos Reinos Combatentes (475-221 a.C.) e *Madhyadeśa* surge no épico indiano *Mahābhārata* (c. 600 d.C.). Ambas as palavras demarcavam um espaço culturalmente elevado de um "País Central" ou "Reino do Meio" convencido de suas grandes qualificações. Para além de suas esferas de influência, existiriam milhares de outros povos, diversos e interessantes, mas considerados "inferiores". Até mesmo a colossal expansão islâmica, que partiu da península arábica no século VII e chegou à Indonésia no XIV, nunca recorreu ao termo "Ásia". Enfim, a região era plural, multicultural e impossível de ser reduzida em uma fórmula homogênea.

Nos séculos XIX e XX, contudo, pensadores de diversas regiões da Ásia foram provocados pela experiência da colonização ocidental e iniciaram reflexões em torno do *pan-asianismo*. O intelectual japonês Fukuzawa Yukichi (1835-1901) defendeu no célebre ensaio *Datsua Nyūō* (1885) que o Japão deveria "deixar a Ásia" para inaugurar um Estado-nação moderno inspirado nos modelos europeus. Sua compreensão aceitava a dicotomia "ocidental-civilizado/oriental-bárbaro" e imprimia uma crítica ao centralismo da cultura chinesa, ao império dos mandarins burocráticos e ao confucionismo atuante na região. Yukichi argumentou: ou os japoneses promoviam uma radical ocidentalização do país, assumindo o protagonismo asiático, ou acabariam colonizados pelas grandes potências do Ocidente. Posteriormente, suas ideias seriam adotadas como desculpa ideológica para as invasões e as violências extremas protagonizadas por japoneses como "ações necessárias para retirar a Ásia da influência europeia".

PAN-ASIANISMO

O *pan-asianismo* ou *asianismo* é uma ideologia polissêmica desenvolvida por vários intelectuais e políticos asiáticos entre os séculos XIX e XX. Em termos gerais, ela se expressa em sentimentos e ações de solidariedade entre os povos asiáticos, alimentados por reações ao imperialismo ocidental e pela crença na existência de valores específicos das sociedades da Ásia. Em meados do século XIX, pensadores japoneses, como Fukuzawa Yukichi (1835-1901) e Okakura Kakuzō (1862-1913), defenderam ideias reativas ao colonialismo europeu denunciando as humilhações a que as nações asiáticas estavam sujeitas: o Japão deveria se modernizar e assumir a liderança e defesa no continente. Essas ideias serviriam para legitimar o imperialismo nipônico, que atuaria como um mantenedor da segurança na Ásia através de suas agressivas invasões e brutais ocupações de diversos países da Ásia Oriental durante a primeira metade do século XX. Nas últimas décadas do século XX, com o admirável crescimento econômico na Ásia Oriental, reflexões em torno de uma identidade asiática (*asianess*) e de valores asiáticos ganharam força. Políticos conservadores, como o cingapuriano Lee Kuan Yew (1923-2015), o malaio Mahathir bin Mohamad (n. 1925) e o japonês Shintaro Ishihara (n. 1932), defenderam a ideia da existência de singularidades específicas – como "a dedicação ao trabalho e aos estudos", "o respeito ao coletivo", "o amor e a fidelidade familiar", "a aceitação das justas hierarquias" e "os escrúpulos religiosos" – como elementos característicos dos "valores asiáticos".

Em contraste, apontaram os vícios de um Ocidente "decadente", mergulhado no "hedonismo, materialismo, egoísmo e individualismo extremado". Em muitos aspectos, essa defesa dos valores asiáticos acabaria sendo evocada para justificar deficiências democráticas, regimes autoritários e relativizações aos direitos humanos presentes na região. Kim Dae-jung (1924-2009), político sul-coreano e prêmio Nobel da Paz em 2000, argumentou, por sua vez, que a existência de atributos culturais próprios dos povos asiáticos não era incompatível com a democracia e com a igualdade, apontando reflexões budistas ou confucionistas, como as elaboradas por Mêncio (c. 372-289 a.C.), como filosofias justas, tolerantes e democráticas.

No começo do século XXI, com o crescimento econômico e geopolítico da China e da Índia, o debate foi recolocado. Inclusive intelectuais europeus e estadunidenses, sob os temores de um "asiocentrismo", difundiram a ideia de um "Século Asiático" que redefiniria as relações mundiais e os rumos da globalização.

O grande escritor indiano Rabindranath Tagore (1861-1941), prêmio Nobel de Literatura em 1913, também compreendia ser necessária uma reação dos povos asiáticos frente ao colonialismo europeu, mas apontava que o caminho a ser seguido deveria ser outro, distante do nacionalismo moderno. Tagore, que visitou vários países asiáticos e escreveu assustado com os horrores do imperialismo e do chauvinismo da Primeira Guerra Mundial, propunha o exercício de uma compaixão mais inclusiva na política, observando como exemplo as antigas contribuições do budismo enquanto "experiência pan-asiática de respeito e integração cultural". Suas ideias muito contribuiriam para a militância pacifista de Mahatma Gandhi (1869-1948) e para o movimento dos "países não alinhados" liderados por Jawaharlal Nehru (1889-1964).

No campo dos movimentos de esquerda, o impacto da Revolução Russa foi grande, produzindo contornos singulares nas ponderações acerca dos povos asiáticos. Rapidamente, os movimentos de inspiração marxista focaram nas lutas de libertação nacional e anti-imperialistas, inspirando as resistências contra as ocupações ocidentais e japonesas. Ao contrário do modelo russo e do marxismo ocidental que argumentavam que as ações de vanguarda revolucionária deveriam partir das massas de proletários industriais urbanos, pensadores e líderes asiáticos, como o chinês Mao Tsé-tung (1893-1976) e o vietnamita Ho Chi Minh (1890-1969), acreditavam na força dos levantes de camponeses, na autossuficiência e nas atividades de guerrilha como rastilho da luta. O epicentro das vanguardas revolucionárias se localizava nos embates anticoloniais, configurando a Ásia como um importante motor de um marxismo asiático alternativo à experiência soviética. O maoismo chinês, o *Khmer Krahom* cambojano e o socialismo *Zuche* norte-coreano são exemplos de tentativas de reformulações teóricas e práticas dos ideais de um marxismo revolucionário próprias da região. Aqui, a Ásia era, antes de tudo, o caldeirão e o farol das lutas pela independência e autonomia nacional contra o domínio imperialista.

Outra vivência fundamental para reflexão sobre as identidades asiáticas ocorreu no contexto das experiências de diáspora de muitos intelectuais asiáticos. A lista de nomes é gigantesca, relacionando personalidades importantes como Kavalam Madhava Panikkar (1895-1963), Edward W. Said (1935-2003), Gayatri Chakravorty Spivak (n. 1942) e Homi K. Bhabha (n. 1949). Em linhas gerais, todos esses pensadores foram tocados pela experiência da diáspora e, provocados por ela, refletiram sobre modelos de identidade cultural. Viver nos Estados Unidos ou em países da Europa Ocidental apresentou problemas inéditos, como o "perigo amarelo" ou o "terrorismo islâmico", a comunidades diaspóricas que se enxergavam antes como plurais e divididas em suas origens regionais. O próprio Gandhi só veio a desenvolver uma aguda preocupação sobre a unidade da Índia durante seus longos anos de trabalho na África do Sul, advogando para as múltiplas comunidades de conterrâneos imigrados. Lá, ele se deu conta de que os imigrantes eram conscientes da profunda diversidade étnica e linguística que os marcava, mas, aos olhos das autoridades coloniais locais, todos eram qualificados com o termo *"coolie"*, epíteto racista atribuído aos imigrantes de tez escura oriundos do *Raj* britânico. Em 2020, a eleição da democrata Kamala Harris como vice-presidente dos Estados Unidos recolocou a questão da "identidade asiática" no centro dos debates políticos norte-americanos, pois, além de ser a primeira mulher eleita, foi também a primeira *"African American"* e *"Asian American"* a ocupar o cargo em Washington.

Por fim, a partir da década de 1980, consolidou-se uma nova e forte ideia sobre a Ásia como "a terra da pujança e do crescimento econômico". Atualmente, essa é a interpretação quase hegemônica da região, compartilhada tanto pela imprensa quanto por analistas de *Business School*. Desde a década de 1970, com a consolidação da economia japonesa, a Ásia Oriental encontra-se em célere mutação.

Empresas nipônicas iniciaram investimentos pesados articulando setores industriais de Taiwan, da Coreia do Sul, de Cingapura e de Hong Kong, os chamados "Tigres Asiáticos". Esses países ofereceram campo para a constituição de economias de apoio, regionalizando a produção industrial japonesa. A nova configuração das relações entre o Japão e os Tigres Asiáticos também transformou profundamente as redes de demandas, produções e de organização do trabalho por todo o sudeste asiático e subcontinente indiano, consolidando novas áreas de fornecedores de *commodities*, insumos e serviços primários por toda a região.

Ao mesmo tempo, empresas estadunidenses e europeias operaram uma terceirização radical da produção manufatureira, exportando plantas industriais e capitais financeiros para países asiáticos com economias mais frágeis do ponto de vista da articulação sindical e do valor dos salários. Assim, progressivamente, a Ásia Oriental foi integrando suas economias nacionais em um rearranjo sólido. Esse processo foi reforçado pela criação de muitos blocos de cooperação econômica e política regionais, como a Asean (Association of Southeast Asian Nation, de 1967), a Saarc (South Asian Association for Regional Cooperation, de 1985) e a IOR-ARC (Indian Ocean Rim Association for Regional Cooperation, de 1995). Em 2020, com a concepção da RCEP (Regional Comprehensive Economic Partnership), temos a criação da maior aliança econômica do mundo integrando 15 países da região Ásia-Pacífico (Austrália, Brunei, Camboja, China, Coreia do Sul, Filipinas, Indonésia, Japão, Laos, Malásia, Mianmar, Nova Zelândia, Cingapura, Tailândia e Vietnã) que respondem por um terço da população mundial e cerca de 29% do PIB global. Todo esse contexto deve se somar à vertiginosa ascensão econômica e política da China, fato que reconfigurou toda a geopolítica no começo do século XXI.

Sugerimos que os professores explorem todas essas sutilezas e ambiguidades no significado de Ásia, problematizando as ricas indefinições formuladas pela Geografia, pela Economia e pela História. Não existe uma ideia de Ásia acabada, mas uma contínua reelaboração. Suas interpretações devem ser contextualizadas, relativizadas e compreendidas como relacionadas aos seus entornos dialógicos e sincrônicos. Por exemplo, a determinação de uma "Ásia do Pacífico" se relaciona mais com os interesses dos Estados Unidos na região. O "Oriente Médio" esteve historicamente articulado com o Mediterrâneo e em seus entrelaçamentos com a Europa e a África. O "Leste" apresenta-se intimamente integrado aos processos da história russa, assim como a "Ásia do Índico" pronunciou os elos multisseculares entre o subcontinente indiano, o golfo Pérsico, a península arábica e a África Oriental. No começo do século XXI, o paciente esforço chinês na edificação de uma "Nova Rota da Seda" lançou as bases para um ambicioso cinturão econômico que marcha do leste para o oeste, reeditando caminhos ancestrais trilhados por marinheiros helenizados (como narra o *Périplo do mar Eritreu*, do século III d.C.) e por aventureiros inspirados pelos escritos de Marco Polo.

Se a ideia de Ásia deve seu início aos engenhos criativos dos europeus, ela também foi elaborada por gerações de pensadores asiáticos, como o fundador da República da China, Sun Yat-sen (1866-1925), cujo pan-asianismo reconhece a enorme diversidade de nações e culturas que caracteriza a região. Acreditamos que esse deva ser o motor inspirador das atividades pedagógicas no campo do ensino de História. Introduzir a Ásia nos auxilia na crítica necessária ao eurocentrismo e ao estreito limite de uma História preocupada apenas com o "ser nacional". Reconsiderá-la em nossos currículos e estratégias didáticas implica pensar em novos termos, exigindo narrativas históricas feitas em escalas globais e assentadas em Histórias comparadas, complementares e conectadas. Essa Ásia pulsante e viva, repleta de contradições e ambiguidades, está além do conceito de "civilização em contraste com o Ocidente". O convite é ensiná-la de forma integrada, ao mesmo tempo colonial e anti-imperialista, nacionalista e internacionalista, reacionária e revolucionária. Assim, por exemplo, processos importantes como a lenta constituição das sociedades agrícolas e o domínio da metalurgia do ferro deixam de ser "a conquista singular de um povo ou civilização" para figurarem no que realmente são: esforços coletivos da humanidade. A própria *modernidade* deixa de ser uma característica exclusiva e definidora da Europa e passa a ser o resultado de complexas interações entre civilizações diferentes localizadas nas Áfricas, Américas e Ásias.

O DESAFIO PROPOSTO PELO DRAGÃO CHINÊS

Neste exercício, a China representa um interessante desafio didático para o ensino de História no Brasil. Diariamente presente nos noticiários de diversas mídias, o protagonismo chinês emerge em ações econômicas, políticas, científicas e culturais. Sua influência determinante para as histórias das Coreias, do Japão, de Cingapura, do Vietnã, do Tibete e de outras regiões da Ásia esteve e permanece entrelaçada à história global. Foram os desejos de alcançar as riquezas chinesas que impulsionaram as três caravelas comandadas por Cristóvão Colombo, que chegaram ao Caribe em 1492, e os engenhosos sonhos de conquista do boticário e diplomata português Tomé Pires (1468-c. 1540), enviado para Cantão em 1516. Autor de *Suma Oriental* (1515), um impressionante tratado acerca das riquezas do sudeste asiático e do sul chinês e indiano, Pires acalentava a ilusão de que um punhado de embarcações lusitanas bastariam para invadir a China.

Tais exemplos apresentam um caminho pedagógico interessantíssimo. Ensinar História da China oferece possibilidades frutíferas para a observação das conexões entre processos históricos desenvolvidos nas quatro partes do mundo em profundidades temporais variadas.

Infelizmente, uma rápida pesquisa nos currículos, documentos normativos e livros didáticos revela ainda uma China marginal e monolítica. Confúcio e Mao Tsé-tung são os personagens quase exclusivos de uma História opaca que apresenta a "China milenar" das muitas dinastias traduzida em uma narrativa monótona, invariável e com tendências a-históricas. Nela, "a autocracia e a burocratização" são a *razão de Estado* chinesa, contrastando com "o dinamismo político" das Histórias sobre atenienses, romanos, ingleses e franceses. A ideia de *despotismo oriental* permanece como bússola para a observação da história de uma civilização limitada aos teares de seda na Antiguidade e aos galpões das fábricas de quinquilharias baratas no mundo contemporâneo.

O ensino deve apostar na incorporação da China, tão íntima e ao mesmo tempo tão desconhecida dos brasileiros. Por exemplo, podemos começar refletindo sobre a aura milenar da civilização chinesa em um exercício similar ao que operamos na problematização dos Estados-nações ocidentais. Com essa ação conseguimos criticar a ideia de uma China "estacionada na história", lenta em suas transformações sociais, econômicas e políticas, sufocada pelo peso de suas tradições e opressões imperiais. Novamente, o jogo de alteridade com o Ocidente foi essencial nessa construção, e é operação muito eficaz observarmos isso na sala de aula. Assim, professores e professoras devem, a partir desse exemplo, discutir as edificações de identidades nacionais tanto no Ocidente quanto no Oriente. E lançar a provocação: afinal, quão antiga é a China?

Por volta de 1200 a.C., inscrições em ossos oraculares (omoplatas de bovinos e plastrões de tartarugas) surgiram no nordeste do atual território chinês, seguindo o curso do rio Amarelo. Esses artefatos revelaram o aparecimento de um estilo antigo da *escrita chinesa*, apresentando uma estrutura que, em linhas gerais, permanece até os tempos atuais. Sua criação foi essencial para o desenvolvimento da ideia de "civilização chinesa", já que sua crescente expansão, padronização e simplificação atuaram como instrumento de *sinização* (desenvolvimento e adoção da cultura chinesa) interno e externo ao atual território da China. Esse feito dá conta de uma história muito antiga. Entretanto, os processos de expansão das ideias chinesas nunca ocorreram sem contestações ou transformações, sendo a China contemporânea o resultado de milênios de choques e hibridismos culturais. Os atuais 56 grupos étnicos que animam o mosaico chinês testemunham essa complexa história, expressa em dezenas de línguas e dialetos distintos. Assim, é importante ressaltar que o desenho da História chinesa como uniforme também representa um desafio para os próprios chineses.

> **ESCRITA CHINESA**
>
> A escrita chinesa, muito sofisticada e bela, é um dos sistemas de escrita mais antigos ainda em utilização. Ela não é formada por um alfabeto, mas centrada em caracteres morfossilabográficos, ou seja, em sílabas que reproduzem morfemas próprios das línguas chinesas. Na escrita chinesa não existem letras (grafemas abstratos que significam exclusivamente fonemas em reduções radicais), mas caracteres que normalmente correspondem a uma sílaba e um sentido. Uma vez conhecidos, os milhares de caracteres reproduzem morfemas que podem ser utilizados em outras línguas, como o mandarim e o cantonês. Assim, um chinês contemporâneo que saiba ler conseguirá decifrar uma antiga inscrição do século I a.C. e se comunicar com falantes de dialetos distintos sem grandes dificuldades. Uma vez desenvolvida, tornou-se o principal instrumento de transmissão da cultura chinesa dentro e fora do território da atual China, prolongando-se para todo o leste asiático. Por exemplo, seus caracteres chamados de *hanzi* deram origem aos *hanja* coreanos, aos *kanji* japoneses e aos *chũ-nôm* vietnamitas. Essa escrita também foi essencial para a transmissão do budismo na Ásia Oriental, bem como de tradições filosóficas, científicas e éticas expressas em variadas escolas chinesas, como o confucionismo. Em grande medida, a escrita chinesa goza de um prestígio similar ao latim na Europa Ocidental e ao grego na Europa Oriental.

O nome do país também traduz essa profusão de histórias. A palavra *China* em si não é chinesa, mas uma derivação do sânscrito *Cīna*, provavelmente uma referência à primeira dinastia imperial Qin (221-206 a.C.). Com os persas, a palavra *Cin* chegou ao Ocidente, originando o vocábulo *China* expresso em português e inglês. Tomé Pires chamou o país de *Chyna* e o jesuíta italiano Matteo Ricci (1552-1610) identificou a fabulosa *Catai* (*Cataio*) de Marco Polo como sendo a *Cina*. Para os chineses da Antiguidade até o século XVIII, a questão se colocava como algo muito mais complexo. Primeiramente, permaneciam as identidades locais e regionais, com o governo central sendo nomeado pelos reinos ou dinastias imperiais do momento. Não existia, portanto, China, mas o Império dos Han (206 a.C.-220 d.C.) ou o dos Song (960-1279).

Conhecemos cerca de 80 dinastias documentadas em quase 3000 anos de História. Destas, uma dúzia alcançou extrema relevância, regendo por séculos e estendendo suas esferas de governança por amplos territórios. A primeira unificação feita por Qin Shi Huangdi (259-210 a.C.) foi cruel e sangrenta, mas concretizou um forte ideal de união revisitado e reatualizado em vários momentos da história chinesa. Esse desejo pela unificação política se valeu da estrutura da escrita para se expressar, fomentando uma incrível tradição literária longeva e autorreferente. Esses textos receberam comentários, e aos comentários foram agregados outros comentários. Tais ações em curso ao longo de séculos produziram verdadeiros arquivos de saberes selecionados, consolidando uma tradição literária comparável com a greco-latina, a judaica (*Tanach* e *Talmudim*) e a indiana (*Veda*). O fato é que a impressão da unidade política mesclada com essa tradição literária moldou um forte e orgânico sentimento de pertencimento a uma cultura: *Huaxia*.

Huaxia progressivamente foi ganhando um significado identitário forte como um campo cultural amplo que comportava todos os povos, independentemente de etnia, que compartilhavam atributos como a escrita chinesa e sua tradição literária autorreferente. Lentamente, a ideia de *Huaxia* alimentou um signo cultural potente para dissociar seus tributários, os povos "civilizados", dos inúmeros "bárbaros" que a desconheciam. Outro termo, *Zhongguo*, apareceu inicialmente para demarcar a capital do poder real, expandindo-se para outras áreas monárquicas que comunicavam a ideia de *Huaxia*. Igualmente etnocêntrica, a palavra *Zhongguo* significa "reino central" (ou "reinos centrais"), contrastando com as outras realidades políticas marginais que alimentavam uma periferia subordinada. Com o tempo, essa palavra ganhou também um significado geográfico, representando os territórios atrelados à governança chinesa. Hoje, tanto a República Popular da China quanto Taiwan reproduzem em seus nomes oficiais a palavra *Zhōnghuá*, unindo *Zhongguo* com *Huaxia*.

A reflexão etimológica em torno da palavra *China* revela o quanto sua história está relacionada ao desenvolvimento de outras histórias. Não só seu nome ocidental foi uma identificação sânscrita da dinastia Qin, como sua reconfiguração enquanto um Estado-nação, que objetivamente se deu apenas na passagem entre os séculos XIX e XX, foi impulsionada pelo relacionamento com países europeus.

Com os desafios impostos pelas violências imperialistas, o Estado chinês se transformou, emulando instituições ocidentais. A palavra *minzu* (povo), por exemplo, progressivamente passou a se confundir com a ideia de "nação", produzindo o termo *Zhonghua minzu* (a nação chinesa). Só em 1911 o Império foi abolido, com a deposição da dinastia Qing (1644-1911). Em 1912, a República foi proclamada e, em 1949, a China continental se viu reunificada pela ação dos comunistas. Trata-se, então, também de uma história pulsante e contemporânea.

A partir disso, podemos trabalhar várias temporalidades conectadas no ensino de História da China. Como acontece com a História da Grécia ou do México, a China pode ser identificada com uma antiquíssima civilização, graças aos vívidos testemunhos de sua escrita e de sua tradição literária clássica. Ao mesmo tempo, a China é produto de uma história eminentemente contemporânea, criadora de um Estado nacional moderno. Ambas as temporalidades conversam, provocando tensões e criações surpreendentes que nos demonstram uma complexidade impossível de ser resumida em fórmulas a-históricas baseadas no "despotismo asiático" ou no "contraponto do Ocidente". Itália, Egito, Peru, Irã e Índia também enfrentaram e enfrentam desafios similares aos da China, equacionando processos históricos antigos com preocupações e recortes dados por anseios das identidades nacionais contemporâneas. Desse modo, podemos dizer que a ancestral história da China também é muito recente, ambígua e em contínua mutação.

Outro objeto pedagógico específico da História que ganha com a incorporação da China nas temáticas ensinadas encontra-se nas conexões operadas no e pelo tempo. Por exemplo, hoje muito se fala acerca da ascensão política e econômica da China, ressaltada pela guerra comercial com os Estados Unidos. Assim, é importante trabalhar nas aulas que o crescimento do protagonismo chinês não foi o resultado apenas de seus esforços isolados e de transformações contemporâneas, mas também o fruto de articulações regionais antigas que movimentaram ativos históricos importantes.

O temor do crescimento chinês é proporcional ao desejo em se vincular economicamente a ele. Um debate acalorado em curso na História Econômica reinterpreta o lugar da Ásia Oriental, e da China em particular, nas transformações comerciais, financeiras e industriais da Modernidade. André Gunder Frank (1929-2005) demonstrou que, até a passagem entre os séculos XVIII e XIX, a China era a economia mais sofisticada do mundo. Dessa forma, o incrível desenvolvimento chinês verificado no começo do século XXI pode ser entendido como um retorno aos eixos asiáticos, encerrando um curto ciclo de hegemonia ocidental. O desenvolvimento chinês lido nestes quadros é muito mais coerente, pois está lastreado em vínculos econômicos antigos desenvolvidos na Ásia Oriental e no mundo. Os atuais produtos *"made in China"* possuem componentes fabricados por toda região, o que testemunha economias bem integradas em uma rede que não é apenas fruto de uma hegemonia sinocêntrica recente.

Por exemplo, a região de Guangdong (Cantão), localizada no extremo sul oriental, é atualmente a província mais rica do país, concentrando o grosso das indústrias, dos portos, das grandes cidades, como Shenzhen e Dongguan, e da rica fronteira com Hong Kong. Guangdong, com seu "Grande Delta" do rio das Pérolas, foi escolhida por Deng Xiaoping (1904-1997) como a primeira área da China a ser aberta via Zonas Econômicas Especiais (ZEEs) a partir da década de 1980. Essa foi uma escolha estratégica que considerou as relações históricas que os chineses haviam tecido com os seus vizinhos e com o mundo. Na região, muitas redes de intercâmbio com o sudeste asiático e o subcontinente indiano já estavam estabelecidas há séculos, com importantes colônias de comerciantes chineses instalados na Malásia, no Vietnã e em Cingapura. Trocas de produtos, regiões pesqueiras, aventuras colonizadoras e ações de pirataria pontilhavam o mar do Sul da China, formatando uma espécie de "Mediterrâneo" conectando povos e culturas. Não por acaso, portugueses se esforçaram para controlar o espaço através do estreito de Malaca em 1511 e ingleses tomaram a ilha de Hong Kong em 1898. Nesse longo processo, portos, casas comerciais e comunidades cosmopolitas se estabeleceram. As reformas empreendidas por Xiaoping se valeram destas características, reposicionando uma região já conectada ao sistema do capital global e atraindo os investimentos externos, principalmente de chineses expatriados em Hong Kong e Taiwan.

Trabalhar com esse deslocamento de perspectiva é um exercício muito enriquecedor, pois ele possibilita a incorporação de outros horizontes de referências históricas e uma saudável relativização de temáticas clássicas. Com a China e a Índia na sala de aula, podemos apimentar questões como "a primazia grega na constituição da Filosofia", "o protagonismo exclusivo da Europa Ocidental na edificação do Mundo Moderno" e "a sobrevalorização do cristianismo no oferecimento de valores éticos e morais universais". O chinês Han Feizi (c. 280-233 a.C.) e o indiano Kauṭilya (c. 370-283 a.C.) manifestaram uma visão muito sóbria e psicológica da política séculos antes de Maquiavel, assim como as diversas escolas budistas produziram reflexões incomparáveis sobre a ética e a compaixão séculos antes de Jesus nascer. As redes comerciais atlânticas, tão características de nossos estudos sobre a colonização da América, devem ser dilatadas com atenção para os percursos que atravessam o Índico e o Pacífico, formatando a Ásia como um dos importantes vetores na sua construção.

*

Em síntese, tal modificação de perspectiva não será fácil, exigindo esforços hercúleos nos campos do ensino e da pesquisa, transformando significativamente a forma como periodizamos e lecionamos História. Ainda assim, apenas dessa maneira, teremos condições de produzir conhecimentos históricos menos preconceituosos e mais interessados e libertadores. A Ásia, plural e vívida, continua a nos desafiar. Repensá-la nos quadros de uma História conectada é urgente.

Nota

[1] BRASIL. Ministério da Educação. *Base Nacional Comum Curricular*. Brasília, 2018, p. 416.

Referências

FRANK, Andre Gunder. *ReOrient:* Global Economy in the Asian Age. Los Angeles: University of California, 1998.

GOODY, Jack. *O roubo da História:* como os europeus se apropriaram das ideias e invenções do Oriente. São Paulo: Contexto, 2015.

HOLCOMBE, Charles. *Una Historia de Asia Oriental:* de los orígenes de la civilización al siglo XXI. México: Fondo de Cultura Económica, 2016.

LEWIS, Martin W.; WIGEN, Kären. *The Myth of Continents:* a Critique of Metageography. Berkeley: University of California Press, 1997.

METCALF, Barbara D.; METCALF, Thomas R. *História concisa da Índia moderna*. São Paulo: Edipro, 2013.

SAKURAI, Célia. *Os japoneses*. São Paulo: Contexto, 2019.

TREVISAN, Cláudia. *Os chineses*. São Paulo: Contexto, 2009.